教養悪口本

堀元見

光文社

はじめに

「最近のインターネットは悪口ばかりでつまらない」

そんな声をよく聞く。僕はその度に思う。「**悪口のせいにしないでほしい**」と。

たしかに、インターネットにはつまらない悪口が氾濫している。「キモい」とか「バカ」とか「死ね」とか。

だけど、それは悪口がつまらないのではなく、「つまらない悪口」なのである。ここを履き違えてはいけない。世の中には「面白い悪口」も存在する。

一例を挙げよう。僕が理系大学生だった時の話だ。

同じクラスに、Aくんという学生がいた。彼は全然空気が読めず、人をムッとさせる発言をしてしまうタイプだった。理系の学生はしばしばコミュニケーション能力に問題があるものだが、彼は特に顕著だった。

だから、食事をしている時、仲間内で「あいつ、ウザくね?」みたいな話になり、Aくんのことをボロクソ言う流れになった。そこにあるのはただの罵詈雑言《ばりぞうごん》で、全然楽しくなかった。

そんな中で、1人の友人がポツリと言った。「**ただし人間関係の摩擦は無視できるものとする**、と思ってるのかもな」

その瞬間、空気が一変した。笑い声が響き、淀《よど》んだ暗い会話は、楽しく明るい会話に変わった。「そっかー、**物理の問題を解きすぎたのかもしれないね**」などと、ジョークの会話が弾んでいった。


彼の発言は、実に機知に富んでいる。理系学生が問題集でさんざん目にしてきた「ただし摩擦は無視できるものとする」という文言を活かして、Aくんの特徴を上手に表現したのだ。

青天の霹靂《へきれき》だった。言っている内容自体は同じでも、知性とユーモアを1つ混ぜ込むだけで、こんなに楽しいフレーズになるのか。


そう。「悪口はつまらない」は正しくない。知性とユーモアが宿れば、悪口は面白い。嫌なことや不愉快なものを、笑い飛ばす原動力にもなる。

インターネットに氾濫する悪口がつまらないのは、そこに知性もユーモアも宿っていないからだ。「こいつ無能。死ね」というツイートを見て、楽しい気分になる人はいない。「こいつ無能」と言いたくなった時は、代わりに「植物だったらゲノム解析されてる」（↓p14）と言おう。周囲も「えっ、何？　どういうこと？」と興味を惹かれるだろうし、生命科学の発展に思いを馳せる良い機会になる。

不快さを、楽しさや知的好奇心に変えられるのが、「正しい悪口」の効能なのだ。

僕はこれを「インテリ悪口」と称して、インターネットに書き溜めてきた。noteで有料マガジンとして書いていたら、いつの間にかそれだけで食えるようになってしまった。プロの**専業インテリ悪口作家**である。

別にそんな人間失格みたいな職業に就きたかったワケではないのだが、なんの因果かプロになってしまった。人生は予想不能だ。

ともあれ、僕が書いたインテリ悪口が好評を頂き、書籍化する機会に恵まれたことを、とても嬉しく思う。

皆さんが何かをバカにしたくなった時、本書を活用してほしい。僕が可能な限りの知性とユーモアを詰め込んだ「インテリ悪口」を使ってほしい。

嫌なことがあった時、インテリ悪口を使うことで、溜飲《りゅういん》も下がるし、笑い飛ばすこともできる。ちょっとだけ勉強にもなると思う。

ひいては、「つまらない悪口」が蔓延するインターネットや現代社会が、少しでも楽しくて知的な場所になればいいなと心から願っている。

……さて、これ以上長々と書くと「ネルソン提督のようですね」（→p63）という声が皆さんから聞こえてきそうなので、そろそろ本編に入ろうと思う。お付き合いくださいませ。

目次

はじめに　2

第1章 職場編

植物だったらゲノム解析されてる　14
訓練された無能力だ！　18
ペリクレス戦略ですね！　24
オーストラリアでイノベーション特許が取れる　28
アナニアとサッピラかよ　35
論理療法で論駁された方がいい　39
「重さがマイナス」とか言い出しそう　44
パリティビットが意味をなさない品質　49

コーカサスバイソンじゃん　56
ネルソン提督のようですね　63

第2章 友人・知人編

ヴァレンヌ逃亡事件じゃないんだから　72
個体の能力を犠牲にする戦略だね！　77
レディ・マクベス効果でそろそろ手を洗いたくなってる　81
鹿鳴館精神を身につけてる　88
アリストテレスの講義の冒頭みたいだ　96
ボキャブラリーをスタックで管理してるのかよ　103

第3章 飲み会編

最終的に石になる感じですね 112
先祖が汚かった 117
先祖が汚かった(Another Side) 120
黒田清隆ばりだな 124
道徳貯金が赤字じゃない？ 家で人種差別とかしてる？ 129
青鯖が空に浮かんだような顔しやがって！ 132
シャノンの情報理論的には情報量ゼロ 139

第4章 娯楽編

プロールの餌 146
mp3が定着したのは君のお陰だよ 155
先決問題要求の虚偽 163

第5章 恋愛編

君主として失格だし、アテナイ市民としても失格 168
まるでギムワリをやっているようだ 175
1年分のシナモンを全部燃やす皇帝かよ 181

弥子瑕に対する霊公じゃないんだから 186
マダラヒタキのオスじゃん 192
ナポレオンっぽいね～ 198

第6章 ネット編

世界で一番大きな花だね！ 204
ヘロストラトスの名声じゃん 208
ルンペルシュティルツヒェンじゃないんだから 213
カツレツみたいに頬ひげを生やしている 220
オイフォーリオンが飛んだ！ 227

「かすれた文字モード」の実装が待たれますね　234

あとがき　242

本文デザイン　坂川朱音（朱猫堂）

アイコンの見方

一見悪口に見えないサイレント悪口

初心者でも使いやすいインテリ悪口

第1章

職場編

【対象】

◇ 無能な人、役に立たない人

◇ 杓子定規な対応をする公務員

◇ 現状維持で滅びていく人・計画

◇ 仕事の効率が悪い人、二度手間の人

◇ メンタルが弱い人

◇ 完璧主義者、あら探しをする人

◇ 自分の非を認めない人

◇ 間違いだらけの仕事

◇ 特定の上司のお陰で
生き残っている人

◇ 話が長い上司

植物だったらゲノム解析されてる

【対象】

無能な人、役に立たない人

生物学の世界には、「モデル生物」という概念がある。有名なところで言うと「マウス」だ。要するに「**皆が研究に使うスタンダードな生物**」だと考えていい。

植物研究の世界にもこういうスタンダードがあり、その代表選手が「**シロイヌナズナ**」である。

シロイヌナズナは2000年に植物として初めて全ゲノム配列が解読された。その後20年で世界中の研究機関が協力してそれぞれの遺伝子の機能を解明していった。現在地球上で最も研究が進んでいる植物の1つと言っていいだろう。

そんなシロイヌナズナは、**人間にとってなんの役にも立たない植物**である。食べられないし、薬にもならないし、利用価値がまったくない。

なぜ、利用価値がまったくない植物の研究が進んでいるのだろう？

実は、**役に立たない植物であることが、モデル生物として好都合だった**のだ。役に立たないからこそ、各国の研究機関が躊躇《ちゅうちょ》なく発見を公開できるからだ。

たとえば、生産量を爆増させるのに役立つ遺伝子配列を見つけたとしよう。これがもし小麦だったら大騒ぎである。「従来の3倍の効率で小麦を生産できる！」となったら、発見した研究機関は、独占して利用したいと考えるだろう。**特許を取って他者が使えなくしたり、発見を秘匿《ひとく》したりする**に違いない。

しかし、シロイヌナズナではそういうことは起こらない。**なんの役にも立たない植物なので、利権が絡まない**のである。

そういうワケで、シロイヌナズナについては国際的な研究協力がめちゃくちゃ進み、ここ20年で様々な遺伝子の機能が明らかになった。植物の基礎研究に大いに貢献したと言えよう。「怪我の功名」ならぬ「**無能の功名**」である。

このシロイヌナズナの特徴を活かしたインテリ悪口こそが、「植物だったらゲノム解析されてそう」だ。

世間では、無能な人に対して「新人が**使えない**んだよね〜」みたいな表現が跋扈《ばっこ》しているが、これは下品な印象を受けないだろうか？　「使えない」はあまりにも安直で機知に乏しい表現だし、言ってて楽しくない。

ここはぜひ、無能ゆえに研究が飛躍的に進んだシロイヌナズナに思いを馳せながら、**「植物だったらゲノム解析されてる」**とか**「国際研究協力に向いた題材」**とかそういう言い回しを使うことにしよう。

「ちょっと聞いてよ〜！　**ウチの新人が植物だったらゲノム解析されてると思うんだよね〜**」から会話を始めれば、下品にならずに知的でユーモラスなやり取りになること請け合いだ。

あと、裏返すと「無能な人も意外に役立つ時がある」という話でもあるので、フォローにも使えるかもしれない。

「私、全然仕事できない……」と落ち込んでいる同僚に「**大丈夫！　シロイヌナズナは役に立たないから研究が進んだんだよ!!**」と優しく声をかけると元気づけられるかもしれない。**おちょくるな！　とぶん殴られるかもしれない**。試す際はくれぐれも自己責任でお願いしたい。

使用例

「異動してきた佐藤さんのこと、正直どう思う?」

「う〜ん……なんていうか……**植物だったらゲノム解析されてそう**かな……」

参考文献／斉藤和季『植物はなぜ薬を作るのか』（文春新書）／田畑哲之「シロイヌナズナ ゲノム塩基配列決定プロジェクトのゴールを迎えて」（日本農芸化学会『化学と生物』vol.38, No.10, 2000）

memo

話を簡単にするために、シロイヌナズナの特徴として「利用価値がないこと」だけを取り上げて論じたが、実際にはもっと色々な特徴が関与している。

たとえば、「ゲノムサイズが小さいこと」がある。当然ながらゲノムサイズが小さい方が解析が簡単なので、解析の対象としてはありがたい。

他にも、「室内で栽培しやすい」「繁殖サイクルが短い」という、**研究室で扱いやすい**といった利点もある。

シロイヌナズナは様々な条件を兼ね備えているため、モデル生物としての地位を獲得したのである。**単に無能なだけではない。**

訓練された無能力だ！

【対象】

杓子定規な対応をする公務員

小難しい本を読むと眠くなる。そういう人はたくさんいるのではないだろうか。

僕も割とそのタイプである。『純粋理性批判』とか、『論理哲学論考』とか、学者が書いた小難しい古典を読むのは結構しんどい。入門書を読んで分かった気になる方がよっぽど楽しい。

それでも、僕はあえて古典に挑戦することが多い。なぜか？

もちろん、**古典を読んでイキりたいから**という理由もあるけれど、それがメインではない。

小難しい本には、読者層が限定されているだけあって、**日常生活ではまず耳にしない**

魅力的な言い回しの悪口が登場するからだ。

そういうものを発見した時、僕は「おお〜！　これ、あのインフルエンサーをバカにするのに使えるじゃん！」とテンションが上がる。読書の楽しみを履き違えているような気もするが、まあ趣味は自由な楽しみ方が許されるものということで、どうかご容赦いただきたい。

魅力的な言い回しの悪口が登場する本の代表として、ここではロバート・K・マートンの『社会理論と社会構造』を取り上げたい。

この本の特に面白い部分は、第二部の第六章『ビューロクラシーの構造とパースナリティ』のあたりである。

本章で、著者は「ビューロクラシー（官僚制）」の残念なところを指摘しているのだけれど、ここが最高なのだ。著者の主張を簡単に見てみよう。

まず、「官僚制」という言葉の意味を確認したい。「官僚」というとエリート国家公務員を思い浮かべる人も多いが、ここでいう「官僚制」は単に「**序列がハッキリしていて規則がガッチリ守られるピラミッド型の大組織**」ぐらいの意味である。軍隊とかもそうだし、地方公務員もそうだ。旧態依然とした大企業だって官僚制の組織だと言えるだろう。

著者が扱っている「官僚制」はこういった制度全般のことだが、特に典型的な例として、役所の公務員とかを念頭に置いて読んでもらえると分かりやすいだろう。ここから先、僕もそのつもりで書く。

官僚制には良いこともたくさんある。厳格な規則の中で仕事が遂行されるので、**担当者の個人差に関係なく職務が行なわれる**。僕たちが役所に行ってちゃんと書類を出せば、ちゃんと書類は処理されるのである。

A市からB市に引っ越すための書類を出したとしよう。書類に不備がなければ、僕らの住民票は問題なく移動できる。**A市の担当者とB市の担当者が犬猿の仲で書類を渡すのを嫌がり、引っ越しが完了できない**みたいなことは起こらない。官僚制のお陰だ。役所では、担当者の能力や人間関係とは無縁の「規則」によってのみ業務が遂行される。ビバ官僚制。今日も明日も、転出届は淡々と処理され続けるだろう。

一方、官僚制には問題点もある。これは皆さんもよくご存知だと思う。「お役所仕事」という言葉が存在するくらい、**役所は決まった処理しかしてくれない**のだ。

そんな官僚制のデメリットについて、著者はすごくいい悪口語彙を使っている。まず出てくるのが「**訓練された無能力**」である。

官僚制の下で働く人はルーチンワークを完璧にこなすように訓練されているが、その

訓練がかえって無能を招くと言うのだ。

そして、この話を説明する時は結構ひどい比喩を使っている。引用しよう。

雛がベルの音を聞いて、それを餌の信号だと解釈するように条件づけることは容易ではあるが、今度は「訓練された雛」を呼び集めて、そのくびをはねるための死刑宣告におなじベルを使うこともできるのである。

（『社会理論と社会構造』ｐ１８１）

ちょっと分かりにくい比喩だが、要するに**良いはずの訓練によって良くない影響が出ることがある**という話だ。「餌の合図にすぐに反応できる訓練」は良いものだが、悪意のある人間が**雛を殺すためにそれを利用する**こともできる、ということだろう。

それにしても、**公務員を「条件反射で集まってくる雛」にたとえる**の、なかなかサイコパスというか、**Twitterで言ったら炎上しそう**である。著者が生きている頃にはTwitterはなかった。なくて良かった。多くの公務員アカウントから「**オレたちはヒヨコと同レベルか⁉**」と怒られてアカウント閉鎖まで追い込まれそうだ。

ともあれ、「訓練された無能力」というのはそういう類のものなのである。

要するに、**公務員としての訓練を受ければ受けるほど、規則を神聖視するようになり、柔軟な対応ができなくなる、**という話だ。

したがって、公務員に杓子定規な対応をされた時には、この悪口が使える。ぜひ使って溜飲を下げてほしい。

使用例

「注意事項をお伝えしますので、一度役所に来てください」

「え、でも注意事項は総務省のサイトに書いてありますよ」

「口頭でお伝えすることになってますので、来てください」

「いや、ネットに掲載されてるんだから読んだらよくないですか？　ここにない情報が口頭で説明されるってことですか？」

「内容的には同じですが、説明を受けてください。必ずそうしてもらってます」

「訓練された無能力じゃん」

参考文献／ロバート・K・マートン『社会理論と社会構造』（森東吾［他］訳・みすず書房）

memo

『社会理論と社会構造』は、公務員に使える悪口で溢れている。「訓練された無能力」以外にも、5ページに1個とかのペースで公務員をバカにするフレーズが出てきてビックリした。**著者、公務員に親でも殺されたのかもしれない。**

せっかくなので、類語インテリ悪口として皆さんにも紹介しておこう。

・職業的精神異常（訓練された無能力と同じ意味）
・専門職業的畸形《きけい》（訓練された無能力と同じ意味）
・繁文縟礼《はんぶんじょくれい》（やたら煩雑な事務手続き、書類仕事）
・伝達ベルトの1つの歯車（教科書を読むだけの教師のこと）
・経済的ユートピアへの案内書を書く高遠な知識人（理想ばかり見て現実的でない、政策立案に携わる学者）

ペリクレス戦略ですね！

【対象】

現状維持で
滅びていく人・計画

「ギリシアの景色を想像してください」と言われたら、あなたはどんな景色を思い浮かべるだろう？

僕はあなたの脳内が読める。「青い空に映える、真っ白な柱が並んだ建築物」を思い浮かべたに違いない。つまり、**パルテノン神殿**を思い浮かべたに違いない。僕たちの脳内にはあまりにも強烈に「ギリシア＝パルテノン神殿」のイメージがこびりついている。渋谷といえばスクランブル交差点だし、ディズニーランドといえばシンデレラ城。そしてギリシアといえばパルテノン神殿だ。

そんな押しも押されもせぬギリシアのシンボル、パルテノン神殿を完成させたのが、他ならぬ**ペリクレス**である。

彼はその類まれなる手腕で、ギリシア黄金期を作り上げた。**２５００年も前に作った「パルテノン神殿」が未だに僕らの中のギリシアのイメージになっている**のだから、その黄金期がどれだけすごかったかは想像に難《かた》くない。

文化も学問も経済も、あらゆる面で圧倒的な繁栄を享受していたギリシアの黄金期。それを作り上げたペリクレスはまさに歴史に名を残す偉大な指導者であり、**「ペリクレス戦略ですね！」とか言われたら褒め言葉に聞こえる**ことは間違いない。サイレント悪口だ。

では、「ペリクレス戦略」とはなんなのか。

これは普通、「ペロポネソス戦争におけるペリクレスの戦略」を指す。

この戦争でペリクレスは、**「とにかく守ろう」**という方針を打ち出した。**「城壁の中にこもって守っていれば相手は諦めるに違いない」**みたいな感じ。**とにかく消極的**な戦略である。

しかし、結果から言えば、この戦略は大失敗だった。

消極的な戦略を取ったせいで、ペリクレス率いるアテナイは散々な目に遭っている。

城壁内では**疫病が蔓延《まんえん》して市民が次々に病死するし、守るための軍隊を維持するのに**

めちゃくちゃお金がかかるし、**敵は全然諦めずに結局27年も戦争が続く**し、散々である。しかも**ペリクレス本人も疫病で死んだ**。踏んだり蹴ったりだ。

歴史学者ドナルド・ケーガンは、この戦略を生んでしまった精神性を「**防御主義への妄信**」と呼んでいる。現状に満足しているアテナイ人は**現状を維持することを望み**、ハイリスクな戦いを望まなかった。

結果として、ただただ籠城するペリクレス戦略を続けてしまい、被害を拡大し、戦争にボロ負けしてしまった。現状を維持しようとしてズルズルと死んでいったワケだ。これは2500年前のできごとだが、**まったく同じ失敗をしてる組織を現代でもたくさん見る**。人間はいつの時代も大体同じである。

ということで、ひたすら現状維持しようとする上司などにオススメなのが「ペリクレス戦略ですね！」というインテリ悪口だ。

＼使用例／

「課長、今度の新商品の発表会なんですが、今年は趣向を凝らしてこういうやり方はいかがでしょう？」

「いや、例年通りでいいんじゃない？」

「でも、毎年売上は落ちてますし、メディアからの注目も浴びられてないので、工夫が必要かなと……」

「いや、例年通りでいいよ。ウチの伝統だから。不況が終われば売上は回復するよ！」


「なるほど〜。ペリクレス戦略ですね!!」

参考文献／塩野七生『ローマ人の物語　Ｉ』（新潮社）／『戦略の形成（上）』（ちくま学芸文庫）／ドナルド・ケーガン「ペロポネソス戦争におけるアテネの戦略」（永末聡訳）／トゥキュディデス『歴史（上）』（小西晴雄訳・ちくま学芸文庫）

オーストラリアでイノベーション特許が取れる

【対象】

仕事の効率が悪い人、二度手間の人

「車輪の再発明」という言葉がある。プログラミングをする人なら知っていると思う。要するに、**「既に存在しているものをゼロから自作しちゃう」**ことである。

プログラミングと無縁な人はこれだけ聞くと「え？　そんなことありうる？」と思ったかもしれないけれど、**めちゃくちゃよくある。**気をつけていないとしょっちゅうやってしまうミスだ。

イメージとしては、「家電の機能を知らなかった」とかに似ている。何年も使っている家電なのに、「えっ⁉　そんな機能あったの⁉」ってなった経験を皆さんもお持ちなのではないだろうか。iPhoneとかでもよくある。

そして、既存の機能を見落としていると、エンジニアは「こんな機能必要だな！　**よっしゃ作ったろ！**」と自作し始めてしまうのである。

そんな悲しみを彼らは自嘲気味に「車輪の再発明」と呼ぶ。**「車輪」というあまりにも当たり前のテクノロジー**を例に使っているあたり、すごく煽《あお》りセンスのある言葉だ。

「それ、車輪の再発明じゃんww」と言われると**車輪を知らない人呼ばわり**されている感じがして、とても悔しい。

この煽りセンスが気に入っており、僕は「車輪の再発明」という言葉が大好きなのだけれど、これはインテリ悪口として使うのは憚《はばか》られる。プログラミングの世界では**あまりに当たり前の言葉だから**だ。プログラミング教育の重要性が叫ばれる昨今、非プログラマーの間でもこの言葉の認知率は割と高い。

ということで、本書ではもう少しだけヒネることにしたい。それが**「オーストラリアでイノベーション特許が取れる」**である。

かつてオーストラリアには、「イノベーション特許」という制度があった（2020年2月26日に成立した法律で廃止が決定した）。

この制度、めちゃくちゃざっくり言うと「取得要件がゆるい特許」である。

普通、特許はかなり厳しい要件を満たす必要がある。特に、「新規性」は非常に重要だ。

そりゃそうだろう。既に存在する技術の特許が取れてしまったら、「後から特許を取っていきなり皆にお金を請求し始める」みたいなことができてしまう。

料理にたとえてみると、誰かがいきなり「チャーハンはオレの発明な！」と宣言し、明日から**チャーハンを作る度に皆がそいつにお金を払わないといけなくなる**みたいなことだ。そんな理不尽がまかり通っていいはずがない。

だから、特許庁は「チャーハンはもう存在するもので、あなたの発明じゃないですよ」とストップをかける必要がある。これが「新規性」である。

ところが、「イノベーション特許」はそうではなかった。

なんと、事実上**審査なし**で取得できる。体裁が整っていればまず間違いなく取得できる、という驚異のシロモノだ。

したがって、**特許として認められるべきでないようなものも乱発されるようになった。**

そんな滑稽な状況を、小バカにしてやろうと考えた男がいた。**ジョン・キーオ**というオーストラリア人だ。

キーオは、イノベーション特許に1件の申請を出した。「環状の運搬補助装置」である。皆さんはもうお分かりだろう。つまり「**車輪**」だ。

普通の特許に出願したら、一瞬で蹴散らされるけれど、イノベーション特許は違う。前述の通り、審査なしで認可されるので、書類の体裁が整っていればイノベーション特許を取得できる。キーオの申請は無事に受理され、認められた。

彼は「車輪の再発明」によって特許を取得したのである。

素晴らしいユーモアというか、現代アートというか、そんな趣《おもむき》がある。遊び心を持ちながら制度をバカにするインテリジョークだ。

キーオのインテリジョークは大いにウケて、2001年の**イグノーベル賞**を受賞した。人々を笑わせるようなユーモラスな研究に対して授与される賞である。

僕は人を小バカにするプロとして、キーオの精神を見習いたいと常に思っている。「イノベーション特許制度なんてクソだ！」と思ったとしても、普通はそれをSNSに書き込むくらいで終わりにするだろう。

だけど、彼はそうしなかった。**「車輪の再発明でイノベーション特許を取ったら面白いな」**と思って、**ちゃんと書類を揃えて特許を取得した。**

この「何かを小バカにするためにユーモアと手間暇を尽くす」という姿勢は、我々インテリ悪口ストとしても大いに見習うべきであろう。

ということで、話をまとめよう。

「車輪の再発明」というのはエンジニアにとって「効率が悪い、避けるべき事柄」であった。だから、効率が悪い人を見た時に「車輪の再発明みたいなことしてんなぁ」と言うことができる。

だけど、僕らはひとヒネりして「オーストラリアでイノベーション特許が取れる」と言うことで、キーオの優れたインテリジョークを思い出すことができる。

ぜひ、そうやって日常的にインテリ悪口力を高めていってもらえれば幸いだ。

\ 使用例 /

「必死で電卓を叩いて、何してるの？」

「エクセルの計算結果が合ってるかどうか、検算してるの」

「オーストラリアでイノベーション特許が取れる感じだね」

参考文献／Richard Smoorenburg［他］「オーストラリアイノベーション特許システムの活用法」（日本弁理士会『パテント』63巻6号、

２０１０年４月）／北元健太「豪州イノベーション特許制度の廃止は我が国実用新案制度に何を示唆するか」（特許庁技術懇話会『特技懇』no.289　２０１８年５月）／三枝国際特許事務所「【オーストラリア】イノベーション特許制度廃止決定」（https://www.saegusa-pat.co.jp/topics/8460/）

memo

オーストラリア・イノベーション特許がどのように使われたのかを補足しておこう。たとえば、**エバーグリーニング戦略**と呼ばれるズルい特許戦略に使われた。

特許の期限が切れそうな時に、ちょっとだけ要素を付け足したほぼ同じ技術をイノベーション特許にするのである。

「**チャーハンの特許の期限が切れそう**だ……そうだ、**五目チャーハンでイノベーション特許を取ろう！**」みたいな作戦である。

こんなことは普通の特許ではまず不可能である。十分な新規性がないと認められないので、「五目チャーハン？　**それチャーハンのことでしょ？**」と却下される。

しかし、オーストラリアのイノベーション特許はユルかったので可能だった。これによって好き勝手に特許の延長ができるのだ。一度特許を取った企業が、利権を確保し続けられる。

それにしても、エバーグリーニング戦略とは、なんと良い命名だろう。エバーグリーン（evergreen）は、常緑樹を意味する。葉が落ちない、不朽の生命の象徴。**永遠の命を希求す**

る営利企業の欲深さを皮肉りつつ、**めっちゃオシャレ**という**インテリ悪口的な専門用語**だ。これも合わせて憶えておきたい。**使い所がまったくないのが玉にキズ**だけど。

もし僕が企業で知的財産権を扱う仕事をするようになったら、エバーグリーニング戦略に関わりたい。そして、**「お前のやってるのはエバーグリーニング戦略だ!」と言われたい。**オシャレすぎて非難されている気がしない。褒められている気さえする。

エバーグリーニング戦略、社会的にあんまり良くないことだと思うので、名前を変えた方がいいと思う。「五目チャーハン戦略」とかにすれば、カッコ悪くて皆やらなくなると思う。僕が担当者なら絶対やらない。「お前のやってるのは五目チャーハン戦略だ!」と言われたら**「ダサっ! すぐやめよ!!」**ってなる。特許庁の皆様、「五目チャーハン戦略」への改名、どうぞご検討ください。

アナニアとサッピラかよ

【対象】

メンタルが弱い人

新約聖書に、アナニアとサッピラという**極端にメンタルが弱い夫婦**が登場する。つまりこれは**キリスト教を活用した悪口**である。

「隣人を愛しなさい」という宗教の知識を活用して**隣人をバカにする**ので、かなり高等テクニックであると言える。悪口力で差を見せつけたい時にオススメの悪口だ。

さて、アナニアとサッピラが登場するのは「使徒行伝」第5章1節〜10節である。この部分の内容は、ざっくり言うとこんな感じ。

- 当時のキリスト教は**バチバチの新興宗教**なので、入信する時は**資産を売り払って全部教団に寄付**しなければいけなかった。（どんな宗教も最初はカルト宗教である）

- アナニア（夫）とサッピラ（妻）の夫婦は、「へそくりを作ろう！」と考えて、資産を売り払った代金の一部を隠した。

- アナニアは教会に出向き、「これで全額です！」と偽って、目減りしたお金をペトロ（キリスト教のめっちゃエラい人）に渡した。

- ペトロは「**なんか少なくね？**」と疑いを持った。そして「え？　お前ウソじゃね？　ウソつくとかヤバくない？　それ、**オレを騙してるんじゃなくて神を騙したことになるよ???**」と追及した。

- **アナニアはショックを受けて、死んだ。**（！）

- 続いて、旦那が死んだことを知らないサッピラが、教会にやってきた。「こんにちは～」と。

・ペトロは事情を説明せず、「**お前の旦那、この金額が全財産って言ってたけど、ホント？**」と質問した。

・サッピラも「そうです！　これで全額です！」と断言した。

・ペトロは「お前、**オレを騙してるんじゃなくて神を騙したことになるよ？？？**」と怒った。

・**サッピラはショックを受けて、死んだ。**（！）

このくだり、**聖書の中でも屈指のおもしろエピソード**である。「メンタル弱っ！」という面白さもさることながら、夫婦でまったく同じことを繰り返すのがコントみたいで面白い。

同じことを繰り返すお笑いの技法のことを〝**天丼**〟というが、もしかしたらアナニアとサッピラのくだりが**最古の天丼**かもしれない。人類は2000年前から天丼の面白さに気づいていたのだ。

＼使用例／

「あれ、昨日入った新人の田中くん、どこ行った？」
「田中くん、バックレたっぽいですよ。来てません」
「マジで？　なんでだろう？」
「昨日店長に〝もうちょっと声出してね！〟って注意された時、めちゃくちゃ嫌そうな顔してましたよ。それでじゃないですか？」

「それだけで⁉　アナニアとサッピラかよ」

参考文献／「使徒行伝」第5章1節〜10節（日本聖書協会『口語　新約聖書』1954年）／架神恭介『仁義なきキリスト教史』（ちくま文庫）

論理療法で論駁された方がいい

【対象】

完璧主義者、あら探しをする人

「カウンセリングを受けた」と聞くと、あなたは何を想像するだろうか。

僕はなんとなく、人のよさそうな初老の先生が「うんうん。辛かったねぇ。あなたは悪くないよ。大丈夫大丈夫」と言っているイメージがある。**完全なステレオタイプである**。受けたことがないのでテキトウなイメージで想像してしまう。

そう、カウンセリングと無関係でいられるぐらいには、僕のメンタルは頑健だ。人をインテリ悪口で小バカにしたり、**その結果訴訟沙汰になりかけたり**しても、心身ともに概ね健康なまま生活できている。**もう少しメンタルが弱かった方が社会のために良かっ**

たのではないかという気もするが、それはここでは考えないことにする。

さて、僕のステレオタイプと違って、実際の心理療法は実に多岐にわたるようだ。

先日、ひょんなことから『論理療法の理論と実際』という本を読んだのだが、これがもうカウンセリングのイメージと全然違って衝撃だった。論理療法とは、こういうものらしい。

論理療法は……その思考を論駁して他の考え方（ビリーフ）**に修正するように説得する。**

（『論理療法の理論と実際』p5）

「論駁」という言葉、ギリシア哲学の本以外で初めて見た。「ソクラテスがやるアレ」だと思っていたのだが、どうやら現代日本でもやる人がいたらしい。青天の霹靂である。

「論駁」は、「相手の説の間違いを論じて攻撃する」みたいな意味である。**弱っている人にそんなことをやっていいの？　泣いちゃわない？**　という感じがするが、本を読む限り、そうでもないらしい。

別に精神攻撃をするワケではなく、「その考え方って間違ってない？」と間違いを指摘して説得するので、上手くいけば「心が軽くなった！」みたいになるそうだ。

どうしても僕のイメージだと「論駁」は**古代ギリシア哲学の本でソクラテスが相手をボコボコにするアレ**だと思ってしまうのだけれど、論理療法で言う「論駁」はそういうのではないらしい。

だとすると、「論駁」という言葉を使うのが悪いのではないか？　もっと平和な言葉でいいのでは？　と思った。しかしやはりそうではないらしい。読んだ本にはこう書かれていた。

思考を活発にするには攻撃性を外向化していく必要がある。弱気になるとクライエントの思考に屈服してしまう。クライエントのイラショナル性を斬るための思考ゆえ、攻撃性が必要である。

（同前ｐ11）

論理療法には攻撃性が必要らしい。つまり、人畜無害な表現ではない「**論駁**」がピッタリくるのだろう。彼らは**患者の誤りを攻撃**するのだ。**すごい世界だ。**

まさか**医療の現場で攻撃性が必要**とは、夢にも思わなかった。こういう意外な主張に出会って常識を破壊されるのが勉強の喜びといえよう。

さて、論理療法で論駁される考え方のことを**「イラショナル・ビリーフ（不合理な信念）」**と呼ぶ。

典型的なものとしては、「全ての人に好かれないといけない」や、「仕事は少しでもミスがあってはならない」などがある。こういう考え方をしていると、人と接するのが怖くなったり、仕事でミスをしてめちゃくちゃ落ち込んだりする。

論理療法のカウンセラーはこのイラショナル・ビリーフを引き出しながら、「全ての人に好かれるのなんてムリじゃない？　あなたも嫌いな人はいるでしょ？」と論駁していくワケだ。イラショナル・ビリーフがなくなれば、生きやすくなることが多い。

同書ではイラショナル・ビリーフの典型例がいくつか挙げられているが、**「完璧主義」**もその1つだ。

「常に完璧な仕事をしなければならない」とガチガチに思っていると楽しく働けないのは間違いないだろう。自分にも他人にも、常に完璧を要求するべきではない。完璧主義は論駁されるべき信念なのである。

ということで、面倒な完璧主義者をバカにしたい時は「論理療法で論駁された方がいい」と言うといいだろう。

＼使用例／

「マイクロソフトはビル・ゲイツによって作られたけど……」
「待って！　マイクロソフトはビル・ゲイツとポール・アレンによって作られたんだけど、なんでポール・アレンの話に触れなかったの？　喋る時はちゃんと正確な情報を喋らないとダメだよ？」

「おっ、君、論理療法で論駁された方がいいね!!」

参考文献／國分康孝編『論理療法の理論と実際』（誠信書房）

「重さがマイナス」とか言い出しそう

【対象】

自分の非を認めない人

「燃える」とは、どういう現象か？

そう聞かれて、皆さんは答えられるだろうか？　文系の人はちょっと自信がないかもしれない。理系の人は間違いなく答えられるだろう。え？　理系なのに答えられない？　**あなた、植物だったらゲノム解析されてそうですね**（↓P14）。

「燃える」とは、簡単に言うと「**酸素とくっつく**」ことである。

バーベキューで使う炭は「炭素」からできているので、燃やすと「二酸化炭素」になる。だけど、換気が悪いところで燃やすと酸素が足りずに「一酸化炭素」になる。**人が練炭自殺する時に吸うアレ**だ。死にたくなかったら換気の悪いところでバーベキューをするのはやめよう。

そういうワケで、バーベキューと練炭自殺のことを考えてみれば明らかなように、燃えるという現象は「酸素とくっつく」を意味する。

だけど、人類がこの簡単な結論にたどり着くのは非常に困難だった。

当時の科学者の気持ちになってみよう。メラメラと燃え盛るキャンプファイヤーを観察しながら、「燃えるってなんだろう？」と考えてみる。

ここで、「そうか！　酸素とくっついているんだ！」とは絶対にならないはずだ。だってそうだろう。炭とか木は**燃えた後にほとんど何も残らないんだから**。「くっついている」というよりはむしろ「**放出している**」と発想する方が自然だ。直観的には「燃えるとは、何かを放出することだ」という結論にたどり着きやすいのである。

実際、科学者たちはそう考えた。こうして生まれたのが「**フロギストン説**」だ。

物質の中には「フロギストン（日本語にすると〝燃素〟）」が含まれていて、**燃えるとフロギストンが放出される**、と考えた。

こう考えると、「木が燃える」という現象を実に上手く説明できる。

木＝フロギストン＋灰

だから、「木が燃えるとフロギストンが放出されて、灰が残るんだ！」というワケである。筋が通っている。

ロギストン説は直観に合致するので、広く信じられることになった。

ところが、フフロギストン説では上手く説明できないものがある。**金属の燃焼**である。

中学校の理科の授業で、スチールウール（もじゃもじゃしたタワシみたいな金属）を燃やして重さを量る実験をしたことがある人も多いだろう。僕も中学生の時にやった。金属を燃やすというシンプルな実験にたいへんテンションが上がった記憶がある。子どもは燃やすのが好きだ。

燃やす喜びの副産物として得られる実験結果から、「スチールウールは燃やすと重くなった」ということが分かる。そう、**金属は燃やすと重くなる**のである。

このことは当時からよく知られていた。しかし、この現象はフロギストン説では説明できない。

なにしろ、金属が燃えると**フロギストンが放出されるはずなのに、重さは重くなる**のだ。

フロギストン説の信奉者にとって、これは困った問題だった。

彼らはしかたなく、なんとか筋が通る説明を考え出した。その1つが**金属のフロギストンはマイナスの重さを持っている**というものである。フロギストンはマイナスの重さだから、マイナスが出ていけば重くなる、ということだ。

しかしこれ、**すごく苦しい説明**である。木に含まれているフロギストンはプラスの重さだったはずなのに、金属に含まれているフロギストンはマイナスの重さであるというのは全然一貫していない。

そもそも、「マイナスの重さ」も全然ピンとこない。フロギストン説はせっかく直観に合致する説だったのに、説明のために「マイナスの重さ」という全然ピンとこないものを導入してしまった。これで喜ぶのはフロギストン説の狂信者と、**「飲むだけで体重が減る薬」を心から欲しているダイエット中の人だけ**だろう。

皆さんもご存知の通り、「飲むだけで体重が減る薬」は存在しないし、マイナスの重さの物質も存在しない。結局、この苦しい説明は魅力を失っていき、フロギストン説は衰退することになった。

ということで、「マイナスの重さ」というのは、フロギストン説を守りたかった科学者、いわば**自説の非を認めなかった人**の主張である。

したがって、このインテリ悪口は「自分の非を認めない人」に使ってほしい。

＼使用例／

「田中くん、あの資料まとめておいてくれた？」

「まとめてないです」

「えっ、なんで？　やっておいてって言ったよね??」

「いや、会議が延期になったので要らないかなと思って……」

「会議は延期になったけど、あの資料は別で使うんだよ！　そんな勝手な判断しないでよ！」

「はあ……」

「いや、はあじゃなくて！　勝手に判断しないで確認するべきでしょ？」

「でも僕は会議で使うと思ってたんで、しょうがなくないっすか？」

「君、重さがマイナスとか言い出しそうだね」

参考文献／左巻健男『中学生にもわかる化学史』（ちくま新書）／山本義隆『熱学思想の史的展開1』（ちくま学芸文庫）

パリティビットが意味をなさない品質

【対象】

間違いだらけの仕事

ミスをしない人間はいない。

だから、ミスをゼロにしようと努力するのはムダである。大切なのは、ミスをした時にそれが致命的な失敗に繋《つな》がらないようにすることだ。

だから、人間は様々な**ミスへの対抗手段**を生み出してきた。高所作業をする人は必ず**命綱**を繋ぐし、この本の原稿は**校閲**を通される。ミスをなくすのではなく、ミスの対策をすればよいのである。

ところで、「人間と違ってコンピュータはミスをしない」みたいな言説を見ることがあるが、アレは必ずしも正しくない。もちろん「**2桁間違えて発注したのでプリンが2000個届いちゃいました（てへぺろ）**」みたいなドジっ子ヒロイン的なミスをコンピュータはやらないのだけれど、常にノーミスかと言うとそんなことはない。

特に「データをAの場所からBの場所に移動する」みたいな時、コンピュータはしょっちゅうミスっている。本来「0」と読むべきデータを間違って「1」と読んだりしている。

これはすごいことだ。コンピュータが数字を読み間違うということはつまり、**Amazonでプリンを買ったらうっかり2000個届いたということもありそう**だ。しかしあなたにそういう経験はないだろう。僕にもない。

なぜないのかというと、コンピュータは**「これミスってるな」と判断できる**からだ。そう。ミスってるデータが送られてきた時は、使うのを諦めて新しいのを送ってもらえばいい。

あなたのパソコンやスマホは、これをいつも高速で行なっている。大量のデータをやり取りしながら、ミスってるデータが送られてきた時は「これミスってるからやり直し」とやってくれているのだ。**めっちゃ仕事のできる秘書**みたいである。あなたが目にするのは正しいデータを処理した正しい画面のみで、間違っているのは全て秘書が秘密裏に処理してくれている。**皆もっとスマホに感謝した方がいい**。

さて、コンピュータは「ミスってるな」という判断を、どうやって行なうのだろうか？

これは「誤り検出」と呼ばれる問題で、詳しく解説するとそれだけで本1冊になってしまう。そんなものを書きたくない。

……っていうか、書けない。僕は大学でコンピュータ・サイエンスを専攻していたのだけど、そんなにちゃんとした知識がない。「誤り検出」についての講義はしっかり履修したはずなのに、興味がなかったので半分くらいは寝て学費をドブに捨てていた。**僕の人生には誤りがたくさん検出されそうだ**。

誤りだらけの自分の人生を反省しつつ、ここでは、最もよく知られた「パリティビット」というものを紹介するだけに留めたいと思う。

パリティビットの話に入る前に、デジタルデータの話をしよう。中学生でも余裕で分かる内容なので安心してほしい。

ご存知の通り、デジタルデータは0と1の羅列で表現される。こんな要領だ。0と1を7つ並べてみた（次ページ）。

【データ】 0011001

ところが、移動中にノイズのせいで間違ったデータになってしまうことがある。最初の「0」が間違って「1」に変わると、こうなる。

【誤ったデータ】 1011001

もし何も対策を講じていなかったら、間違ったことに気づけない。これではダメだ。

そこで出てくるのがパリティビットである。

データの中の「1」の数を数えて、偶数個なら「0」、奇数個なら「1」をくっつけるのだ。何を言ってるかよく分からないと思うので、実例として先ほどのデータをもう一度見てみよう。

【データ】 0011001

この中に「1」は何個あるだろう?

……そう、**3個**だ。**奇数個**である。ということで、このデータの末尾に「1」をくっつける。

【パリティビット付きのデータ】 00110011・

「だからなんなのだ」という感じだが、これは実は結構パワフルだ。

先ほど同様、移動中に間違ったデータになってしまい、最初の「0」が「1」に変わってしまったとしよう。


【パリティビット付きの誤ったデータ】 10110011・

先ほどは誤ったデータに気づくことができなかったが、**今度は気づけるようになった**ことをお分かりだろうか？

だってそうだろう。送られてきたパリティビットが「1」ということは、データの中の「1」の数は**奇数個であるはず**だ。

しかし、実際にはデータの中の「1」の数は**4個**、つまり**偶数個になっている**。

ということは、**どこかが間違っている**ということになる。

したがって、「このデータは間違い！　送り直して！」と要求することができるようになるワケだ。パリティビットをつけることによって、有能な秘書が大活躍できる。めでたしめでたし。

……と、納得してくれればそれでいいが、この本を読んでいる皆さんは多分納得していないだろう。だって、知的に人をバカにしたいなどと考える皆さんは、**賢い上にあら探しが得意**という、**説得相手として最悪の性質**をお持ちだろうから。きっと納得していないに違いない。

その通り。今の話には大きな問題点がある。**一気に2つ間違うと検出できなくなる**のだ。

間違ったのが1つだけなら奇数から偶数に変わるが、2つ一気に間違うと奇数は奇数のままである。有能な秘書といえども間違いに気づけず、「OK！」と言ってしまうだろう。残念。

なぜこんな不完全な誤り検出を使うのかというと、**2つ一気に間違う確率はさすがに無視できるから**だ。

そう。いくらコンピュータも間違うと言っても、普通は「100万回に1回間違う」

＼使用例／

とかのレベルであって、**たった7つを送る間に2回間違う**ようなことは想定していない。

だから、結構多くの通信はこのパリティビットで事足りるのである（ムリな場合はもっと複雑な方法が使われる）。

以上、長々と説明して申し訳なかった。結論に行こう。

パリティビットは、誤りを検出するための最も広く知られた仕組みだ。

しかし、**想定を超えてありえないぐらい間違われてしまうと、意味をなさなくなる。**

したがって、「**どんだけ間違うんだよ!?**」とか「**想定を超えた低品質だよ!!**」とか言いたくなった時には、「パリティビットが意味をなさない品質」という表現が使える。


「高橋さんが自信満々に提出してきた企画書、どうだった？」

「う〜ん……なんというか……**パリティビットが意味をなさない品質**って感じ」


参考文献／今井秀樹『情報理論』（オーム社）／高岡詠子『シャノンの情報理論入門』（講談社）

コーカサスバイソンじゃん

【対象】

特定の上司のお陰で生き残っている人

コーカサスバイソンは、既に絶滅してしまった生物だ。

読んで字のごとく、**コーカサス地方にすんでいたバイソン**である。そう言われても、「コーカサス地方」も「バイソン」もあまりピンとこない人も多いだろう。**僕もだ。**

「コーカサス地方」は、ロシアの領土の一番南西のあたりにある。ジョージアとかアゼルバイジャンとかのあたり。**東欧なんだか中東なんだかよく分からんエリア**である。こういう煮え切らないエリアはよく分からなくて困る。日本でいうと**奄美大島**がそれだ。鹿児島なんだか沖縄なんだかよく分からん位置にあるせいで、いつもどっちだか分からない。今調べてみると鹿児島だった。なるほど。でも島の名物は**リュウキュウイノシシ**

らしい。**いやどっちやねん**。やっぱりよく分からない。困りものだ。コーカサス地方もそういう困ったエリアである。多分。

バイソンは、ウシ科の動物だ。**強そうでカッコいいウシ**。それ以上の理解は必要ないと思うので、カッコいいウシなんだなぁと思ってもらえれば大丈夫。多分。

そんなひたすらボヤッとした生物・コーカサスバイソンが**絶滅した理由**だが、なんと**ロシア革命**である。

「革命が起こって王が殺された」という話はよく聞くが、「革命が起こってバイソンが絶滅した」という話は珍しい。**「風が吹けば桶屋が儲かる」**的な不思議さがある。

どういうことか、説明しよう。

まず前提として、ヒト（ホモ・サピエンス）のあるあるネタを１つ。「**大型動物を絶滅させがち**」である。これはかなり強い「ヒトあるある」で、地球上の至るところで、人類史のほとんどの期間で発生してきた。**「テスト前に掃除始めちゃう」を超える万人が共感するあるある**である。

ヒトは、４万年くらい前にオーストラリアに上陸するやいなや、生息していた大型動物を全滅させた。オーストラリアにはカンガルー的な大型動物がたくさんいたのだが、ほとんどはヒトに食い尽くされて絶滅してしまった。カンガルーはほぼ唯一の生き残りである。

したがって、「世界で最も凶悪な動物は何か？」と聞かれたら、「ヒト」と答えるのが正しい。**数え切れないほどの生物種を絶滅させてきたヒト**は、スズメバチやサメやライオンなどかわいく見えるほどの凶悪性を持つ。

ということで、ヒトは基本的に大型動物をすぐ絶滅させるので、コーカサスバイソンも絶滅しそうだった。19世紀初頭には300頭くらいしか存在せず、かなり虫の息だったと思われる。

「マジで絶滅する5秒前」みたいな状態だったコーカサスバイソンを救ったのが、時のロシア皇帝**アレクサンドル1世**である。

アレクサンドル1世は「絶滅しそうな動物は保護せねば！」という**すごくSDGs的な考え**を持った皇帝だったらしく、**21世紀型人材**といった感じである。**18世紀生まれだけど**。

先取り21世紀人材であるアレクサンドル1世は、「コーカサスバイソンを保護すんぞ！」ということで、コーカサスバイソンの生息地を丸ごと保護区にした。「お前ら絶対ここで猟するなよ！」という皇帝命令を出したのである。

しかし、それだけでは完璧ではない。密猟のリスクがある。バイソンの毛皮や角は色々と利用価値があるので、保護区にしても密猟しにくるヤツはいる。

しかも、密猟者を捕まえるのは結構難しい。コーカサスバイソン生息地の近くには人も住んでおり、保護区の近くをうろついていても「いや、**俺ら近くに住んでるんですよ。通りかかっただけですよ**」という言い訳ができてしまう。

困ったものだ。どうすればいいのだろう？　現代の常識に生きる僕らからすると、手詰まりに思われる。せいぜい「なるべく頑張って密猟者を現行犯で捕まえる」ぐらいしか思いつかない。

しかし、アレクサンドル1世は21世紀型人材である以上に、18世紀生まれの男だ。現代の僕らからすると想像もつかないようなアバンギャルドな手段を使った。

近隣住民を全員追放したのである。

すごい話だ。「**この辺バイソンちゃんがすんでるからお前ら出て行って！**」という要求、聞いた住民はさぞビックリしただろう。

「道路を引くため」とか「他国との戦争のため」とかならまだ諦めがつきそうだが、「バイソンのため」は納得できないと思う。

村の住民、「**俺らよりバイソンの方が優先順位高いんかい**」と総ツッコミしたに違いない。

残念ながら、当時のロシアはナポレオンを撃退したばかりで勢いに乗っている**バチバチ君主制の国**であり、「王様の言うことは〜、ぜった〜い！」的な感じだったので、こういうことも起こり得た。「**1番の住人が〜、バイソンのために〜、出ていく〜！**」という王様の命令が下ることもある。合コンでも、歴史上でも、王様ゲームはいつだって理不尽だ。

けれど、こういうバチバチのワンマン経営はしばしば圧倒的な成果を出すものだ。絶滅の危機に追い込まれていたコーカサスバイソンはみるみる個体数を増やしていった。1914年、コーカサスバイソンの個体数は737頭まで回復したという。保護はすごく効果があった。**人権を無視してバイソン権を保護した甲斐があった**。

こうして無事にコーカサスバイソンは絶滅を免れた……となれば美談だったのだが、現実はそうならなかった。**ロシア革命が起こった**のである。

ロシア革命で起こったことをめちゃくちゃテキトウに言うと、「**革命左翼オジサンたちが王様を殺して新しい国を作った**」である。この革命によって、最終的にはソビエト連邦が成立する。

ロシア革命発生時の皇帝・ニコライ2世は、コーカサスバイソンの保護をちゃんと続けていたのだが、ロシア革命によって無惨にも殺されてしまった。

こうなると困るのはコーカサスバイソンである。近隣住民を追い出してまで保護するという**箱入り娘……箱入りバイソン**だったのに、いきなり世間の荒波に放り出された形だ。

残念ながら、ずっと保護されてきた箱入りバイソンたちが厳しい世界で生き残るのはとてもムリだった。バイソン猟にやってきた人たちに捕まりまくったし、なんなら革命家たちに**「王の仲間」として目の敵にされて**、１９２５年に絶滅した。ロシア革命が１９１７年なので、わずか８年で絶滅したことになる。世間の荒波は厳しい。

ということで、「コーカサスバイソンじゃん」というインテリ悪口は、「特定の上司に気に入られて保護されてるお陰で生き残ってる人」に使ってほしい。「**あいつの保護がないとお前は一瞬で絶滅するぞ**」というメッセージを込めて。

＼使用例／

「島村さん、サボりまくってるのに、なんで怒られないの？　めっちゃ腹立つんだけど」

「あの人、課長のお気に入りなんだよね。〝自由にやらせてあげて〟って言われてるらしくて、皆あまり口出しできないみたい」

「マジで？　コーカサスバイソンじゃん」

参考文献／プロジェクトチーム編・WWF Japan 監修『失われた動物たち』（広葉書林）／ロバート・シルヴァーバーグ『地上から消えた動物』（佐藤高子訳・早川書房）／Semenov U.A.「The Wisents of Karachay-Cherkessia」（KMK Scientific Press『ソチ国立公園議事録』Issue 8, 2014）

ネルソン提督のようですね

【対象】

話が長い上司

ネルソン提督といえば、世界三大提督にも数えられる、**イギリスの英雄**である。カッコいい逸話だらけで、「マンガの主人公じゃん」と言いたくなるような男だ。

そんな彼の名前を使って上司の悪口を言えば、聞いた上司もまさか悪口だとは思わない。むしろ「褒められてる！」と思うだろう。完全無欠のサイレント悪口なので、初心者にもオススメだ。

1805年、ナポレオン率いるフランスはヨーロッパを丸ごと手中にしたと言ってもいい勢力を誇り、巨大な軍隊を組織していた。このままだとイギリスも侵略されそうだ。

イギリス人的にはめっちゃピンチである。

そんなイギリスの苦境を救ったのが、ネルソン提督だ。飛ぶ鳥を落とす勢いのフランス（とスペイン）の連合艦隊に対して、彼は鮮やかな勝利を収めた。その戦いは「**トラファルガーの海戦**」と呼ばれる。

イギリス側の死者は推定449人だったのに対し、フランス・スペイン側の死者は推定**4395人**。実に10倍だ。フランス側の船はほとんどが大破するか拿捕《だほ》されて、フランス海軍は事実上壊滅した。まさに圧勝である。

この圧勝っぷりだけでもマンガっぽいのだが、ネルソン提督のエピソードはもっとずっとマンガっぽい。

まず開戦時。ネルソン提督は「**英国は各員がその義務を果たすことを期待する**」という信号を出した。イギリス人のプライドを刺激する、提督からの鋭い激励の言葉。これを受け取った船員は**大歓声をあげ**、**圧倒的な士気**で戦に臨んだとされている。すごい。マンガだ。**ほぼ『キングダム』**の世界。

戦の展開もすごい。ネルソン提督が考案した新戦術は「ネルソンタッチ」と呼ばれており、**当時の常識を覆すもの**だった。**細長い隊列を組んだ敵艦隊の真ん中に突っ込んでいき、敵を分断する**というめちゃくちゃ危なそうな作戦だ。

この作戦の問題点は、**突っ込んでいく先頭の船が集中砲火を受ける**というものである。**超危険な役割。**ネルソン提督はこれを**自分で引き受けた。**

何これ？　ず～～っっとマンガ？　ホントに史実？　見たことあるよこれ。こういうマンガ読んだことあるよ。

ネルソン「敵の艦隊列に突っ込んで、分断しよう」

部下「何を言ってるんですか!?　そんな作戦、見たことも聞いたこともない!!　無茶です!!」

ネルソン「いや、やる。やるしかない」

部下「そもそも、突っ込んでいったら先頭の船は集中砲火を受けてしまいますよ！　そんな役回りをやりたがるバカはどこにもいません!!」

ネルソン「いるんだよ……。ここに、な（心臓を親指でトン）」

読者が「**と、尊い～～!!**」ってなるヤツ。「山田@ネルソン提督推し」みたいなTwitterアカウントがいっぱい生まれるヤツだ。アイコンは多分ヘッタクソな手描きのネルソン提督のイラストだと思う。

ちなみに、親友のコリングウッド提督も「**おいおい。お前だけにそんな面白い役回りを任せらんねえな**」と同じ役割を引き受けてくれる。「コリングウッド提督推し」も生まれると思う。

それだけではない。ネルソン提督は死に方もカッコいい。銃弾飛び交う甲板の上で、彼は堂々と指揮を執った。手投げ弾がそこら中で炸裂し、次々に人が死んでいく血みどろの甲板で、優雅に淡々と歩き、指揮を執り続けた。

結果として、彼は射撃を受けてしまい、船の上で死ぬことになる。死ぬ前に残した言葉は「神に感謝する。**私は義務を果たすことができた**」である。超カッコいい。**まさかの伏線回収**。「英国は各員が**その義務を果たす**ことを期待する」という開戦時の言葉と対応する死に方だ。**ホントに台本ないの???**

このように、「開戦時のセリフ」「戦略」「死に方」の全てにおいてマンガっぽいネルソン提督は、まさに英雄になるべくしてなった人物という感じがする。

ところが、**現実は必ずしも完璧ではない**。

先ほどの説明では微妙にウソをついてしまった。申し訳ない。開戦についてのこの部分だ。

これを受け取った船員は大歓声をあげ、圧倒的な士気で戦に臨んだとされている。

ここ、どうやらウソらしい。一部の記録ではこういう内容も伝わっているのだが、そんなに皆が喜んでいたワケではないようだ。それどころか、「英国は各員がその義務を果たすことを期待する」という信号を受け取った船員や艦長たちは**割とイラッとしていたらしい**。

当時の海軍の信号の出し方、皆さんには想像がつくだろうか？

言うまでもなく、無線通信はまだ発明されていない。信号は**旗**で出されていた。

つまり、信号が出される度に「必死で旗を解読する」というステップが必要になった。ここに時間も労力も取られる。有《あ》り体《てい》に言えば、**めちゃくちゃめんどくさい**のである。

めんどくささを実感してもらうために、実際に「英国は各員がその義務を果たすことを期待する」に対応する旗を見てもらおう（次ページ）。

どうだろう。**これを解読するのは明らかにめんどくさそう**だと思わないだろうか。

実際、解読には**4分ほどかかった**と推測される。ＬＩＮＥをポンと送れば済む現代とは大違いで、当時は読む側の負担がバカでかいのだ。

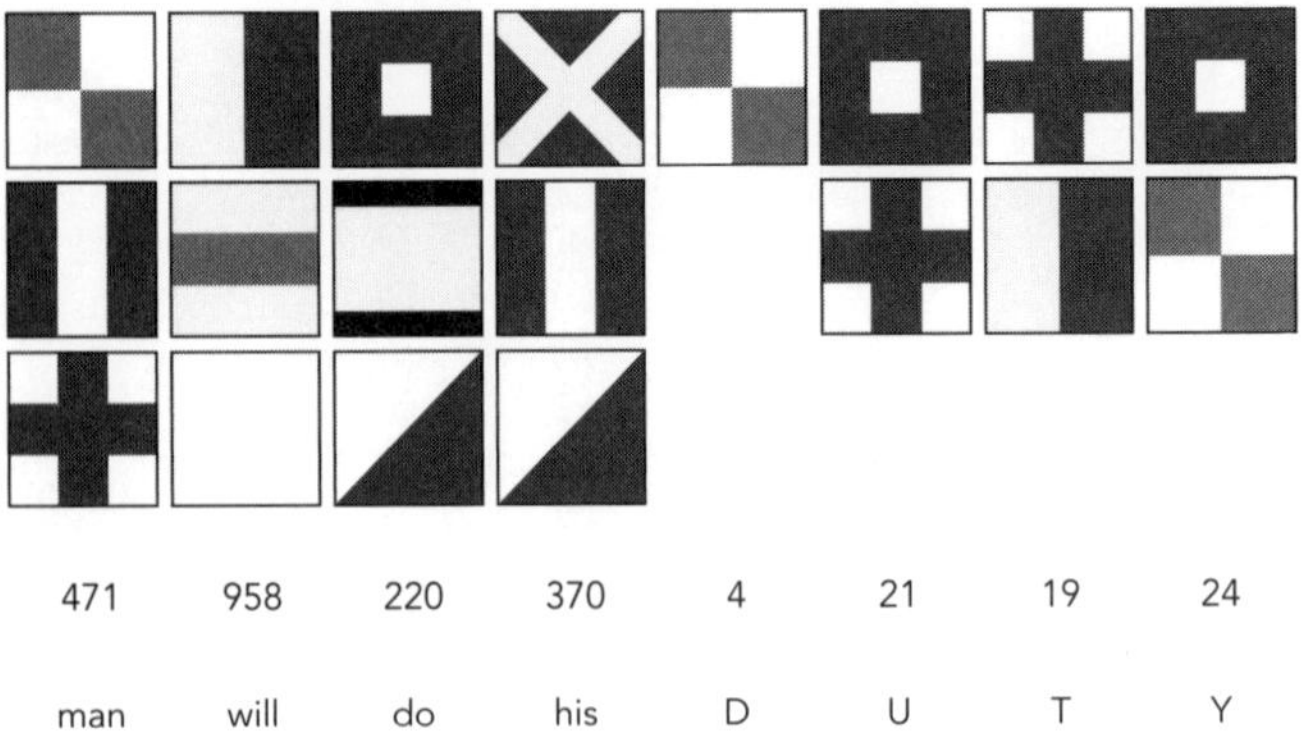

ここで、当時の艦長たちの気持ちになってみてほしい。

あなたは艦長で、これから戦いに挑む。いよいよ相手の艦隊が目の前に見えてきた。もう間もなく戦闘が始まる緊迫の瞬間。全ての集中力を目の前の相手に注ぎたいだろう。いわば「**全集中・艦長の呼吸**」に入っている。

そこに突如として、提督からの信号が送られてきた。旗が掲示されたのだ。このタイミングで送られてくるということは、戦略的に重要な情報に違いない。作戦の変更だろうか？

解読係に急いで解読させる。あなたの全集中はすっかり途切れている。信号の内容次第でこれからの動きが変わるかもしれない。

やっと信号が解読された！　内容は「英国は各員がその義務を果たすことを期待する」であ

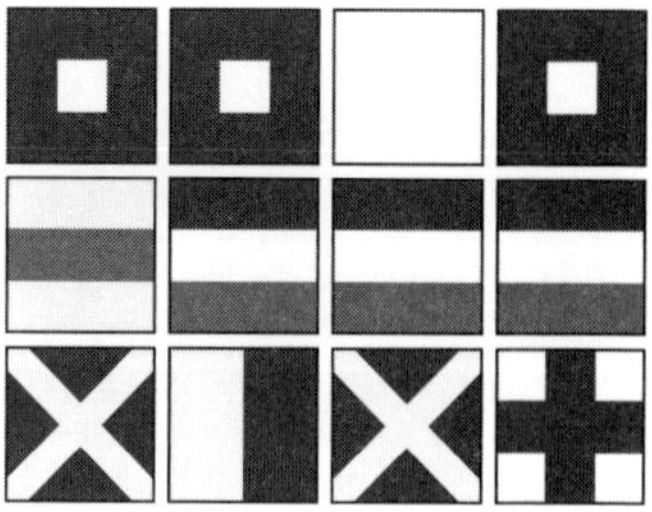

る。

あなたはこう思うだろう。「**はぁあ？？？？？**」と。「**ポエム？？？　今この大事なタイミングでポエム？？？？　オレ忙しいんだけど？？？**」と。「**今まさにその義務を果たすのをお前が邪魔してるんだけど？？？**」と。

実際、一部の水兵や士官たちから「言われなくてもやってるだろ」「今それ言う必要あった？」などの不満が出たし、多くの水兵はブツブツ文句を言ってたらしい。

ネルソン提督は英雄だが、**開戦直前の忙しい時に余計なこと言って部下の時間をムダにさせちゃったダルい上司**でもある。完璧な英雄など存在しないのかもしれない。

ということで、話が長い上司には「ネルソン提督のようですね」と言ってあげると良いだろう。

特に、**大事なプレゼンの直前に精神論を語ってきて準備の時間を奪う上司**などに使うとピッタリだ。

＼使用例／

あなた「……（プレゼンに向けて資料の確認をしている）」

課長「山本くん、ちょっといいか？」

あなた「はい」

課長「今日のプレゼンは大事だぞ！　お前はうちの部署のエースなんだ！　全力を尽くせよ！　オレは昔からお前に心から期待していて……」

あなた「（いや、そんなことより資料の確認したいんですが……）」

課長「……だから、全力で挑んでくれよ！」

あなた「承知しました！　課長、**ネルソン提督みたいですね！**」

参考文献／ロイ・アドキンズ『トラファルガル海戦物語（上・下）』（山本史郎訳・原書房）

第2章

友人・知人編

【対象】

◇ 納期に遅れる人や遅刻する人
◇ フットワークが軽いのを自慢にする人
◇ あくどいことをやってる人
◇ 海外かぶれの人
◇ 予防線を張る人
◇ 憶えた言葉をすぐ使う人

ヴァレンヌ逃亡事件じゃないんだから

【対象】

納期に遅れる人や遅刻する人

「ヴァレンヌ逃亡事件」とは、フランス国王であるルイ16世とその妻マリー・アントワネットがパリから逃亡した事件のこと。

1791年、フランス革命でどんどん権力を失っていく悲しみの中にあった2人は、パリから逃亡して外国の助けを得ることで、革命派と戦うチャンスを摑《つか》もうとした。

しかし、ルイ16世の性格は**超絶のんき**、マリー・アントワネットの性格は**世間知らずのお嬢様**であり、はっきり言って**人類で最も逃亡に向いてない夫婦**である。2人の逃亡劇は全然スムーズに進まなかった。

まず、出発前の準備からしてひどい。

マリー・アントワネットは「長く乗るんだから豪華な馬車がいいわ！」的なことを言い、**8頭立ての大型馬車**（むちゃくちゃデカいので小回りが一切利かず、**とても遅い**）で脱出することになってしまった。

しかも、**内装を豪華にするために馬車を特注**し、ついでに**逃亡中に着るための豪華なドレス**なども新調した。そんなことをやっているせいで**出発は1ヶ月以上遅れた。**

貴族の感覚というのは理解しがたい。百歩譲って豪華な馬車は分かるにしても、**逃亡用のドレス**を作ろうというのはどういう心境なのだろう。貴族にはそういうのがあるんだろうか。「これは結婚式のためのドレス、これはお葬式のためのドレス、**これは逃亡用のドレス**」みたいなのがあるんだろうか。

「ドレスを作ってちょうだい」

「マリー様、今回は何のためにドレスをご希望で？　誰かの結婚式ですか？」

「いいえ。今回は、**逃亡よ**」

「逃亡用のドレスですか、それでしたらこちらの花をあしらったドレスがよろしいかと思います。**花言葉は〝逃亡〟です**」

「素敵ね。それでお願い」

とか、そういうやり取りをするのだろうか。貴族の生活は理解しがたい。

あと、**一応調べてみたら、**フランス語でBelle-de-Nuit（オシロイバナ）の花言葉が「fuite（逃亡）」らしい。**ホントにあるのかよ。**

出発前からグダグダだったルイ16世夫妻だが、出発後もグダグダである。

出発直後こそ、逃走劇の緊張感はすさまじく、ルイ16世は「追手に捕まったら殺されるだろう」と言って**馬車の中で遺書を書き始めた**という。死を覚悟していたのだ。

しかし、パリを脱出した頃にはすっかり油断してしまった。あろうことか**ゆっくり食事を始めてしまった**のだ。

フランス人はやたらゆっくり食事をするイメージがあるが、逃亡中でもそれは変わらないらしい。馬車には**豪華な銀食器のセット**や、**調理用の暖炉**や、**8樽のワイン**が積まれていたという。**逃亡中なのに全力のディナーを摂る気満々**だ。さすがフランスの国王である。**アンパンとかで我慢しろや、**と思うのは僕が日本人の庶民だからなのだろう。

全力のディナーに何時間かかったのかは定かでないが、おそらく3時間くらいはかかったのではないだろうか。**明らかに逃亡中の人間がやることではない。**

しかも、堂々と青空の下で食事をするもんだから、「あんなに豪華な馬車で豪華な夕食ってことは、**あいつ国王じゃね？**」と通行人にバシバシ発見され、**現在地がバレまくってしまった**。ルイ16世、のんきにもほどがある。

当然ながら、その後逃亡は失敗した。彼らはヴァレンヌという町で捕まってしまい、この一連の事件は「ヴァレンヌ逃亡事件」と呼ばれることになる。

ルイ16世とマリー・アントワネットは、**明らかに急がなきゃいけない逃走劇なのになぜか余裕ぶっこいた行動**を取って失敗してしまった。これがヴァレンヌ逃亡事件の面白さである。

そういうことで、皆さんもぜひ「余裕ぶっこいたせいで遅れる人」に使ってほしい。

\ 使用例 /

「ヤバい！　卒業論文の提出まであと3日しかないのにまだ何も書けてない！！！」

「なんでそんなことになった？」

「〝まだ半年もある〟、〝まだ3ヶ月もある〟、〝まだ1ヶ月もある〟……と思って油断してたら、いつの間にか3日前だった」

「**ヴァレンヌ逃亡事件じゃないんだから**」


参考文献／安達正勝『死刑執行人サンソン―国王ルイ十六世の首を刎ねた男』（集英社新書）／佐藤賢一『フランス王朝史【全3冊合本版】』（講談社現代新書）

個体の能力を犠牲にする戦略だね！

【対象】

フットワークが軽いのを自慢にする人

「取り柄は、フットワークが軽いことです！」

活動的で社交的な人は、そんなことをよく言う。彼／彼女は人と会うのが好きなのだろう。見上げたものだ。薄暗い部屋にこもってインテリ悪口を書いているよりよほど健康的である。

「フットワークが軽い」ことは美徳として扱われる。「フッ軽」なんて略語も生まれるほどだ。「お前はとにかくフッ軽ですごい」と言われればたいていの人は喜ぶだろうし、Twitterのプロフィールに「フッ軽」と書いている人すら見かける。

そう、**「フッ軽」は美徳であるだけでなく、もはやアイデンティティにまで昇華されているの**だ。

そんな「フッ軽神話の時代」とでも言うべき現代において、実は違和感を覚えている人もいる。**僕である。**

というのも、**フッ軽を自分の長所に挙げる人は、99%の確率でつまらない**からだ。

「オレ、超フッ軽なんで、渋谷に友だち2000人くらいいるんすよww毎晩呼ばれまくるので5軒くらいはしごしますww」と言っている人が面白い話をしてるのを聞いたことがない。「あの会社の社長と飲んだことありますよ〜ww」と人脈自慢ばかりしている。

彼は、せっかく多くの人に会ってたくさんの刺激をもらっているのに、人生観が全然深まっていないのである。

なぜ彼らはそんなにしょうもないのだろう？　人に会いまくっていたら面白い知見をたくさん持っていてもいいのではないか？

僕はそんな疑問をずっと抱えていたのだが、とある**昆虫研究の知識**を得ることで解決した。真相はいつだって意外なところに隠されているものだ。

その研究を紹介しよう。

コクヌストモドキという昆虫がいる。昆虫学者の宮竹貴久は、コクヌストモドキのオスを「よく動くオス」と「動かないオス」に分けて、行動パターンを調べた。

その結果、**よく動くオスは動かないオスに比べて、個体としての能力が極めて低かった**。体格も健康状態も寿命も、よく動くオスは圧倒的に悪かった。**動くためにエネルギーを使ってしまっている**せいだろう。

ではなぜ、動くオスは絶滅しないのだろう？

実は、動くオスにもたった１つだけ優れている点があるのだ。**交尾の回数**である。よく動くことによってメスと出会う確率は高くなり、交尾できる回数の期待値は大きくなる。これが、よく動くオスが生存している理由だ。

言い換えれば、よく動くオスと動かないオスでは生存戦略が違うのである。よく動くオスは「**個体の能力を犠牲にして、繁殖回数を増やす**」のであり、動かないオスは「個体の能力を高めて、生存率を高くする」のである。

さあ、話を戻そう。

コクヌストモドキの実験結果は、人にもよく当てはまっていると言えそうだ。

フッ軽を長所にしている人（よく動く人）は、**動くためにエネルギーを使ってしまっているので、個体の能力が乏しい**のだ。具体的には、**人に会うことにエネルギーを使い**

すぎて、勉強したり内省したりすることがないのだと思う。結果、彼の能力は高まらない。

「僕の長所はフッ軽です」というセリフを翻訳すると、「僕は**個体の能力を犠牲にして繁殖回数を増やす戦略を取っています**」なのである。

したがって、「僕の長所はフッ軽です」と言っているしょうもない人を見たら、「おっ、個体の能力を犠牲にする戦略だね！」と言ってあげるといいだろう。

使用例

「僕の長所はフッ軽なことです！」

「へえ〜！　個体の能力を犠牲にする戦略だね！」

参考文献／宮竹貴久『したがるオスと嫌がるメスの生物学―昆虫学者が明かす「愛」の限界』（集英社新書）

レディ・マクベス効果でそろそろ手を洗いたくなってる

【対象】

あくどいことをやってる人

「行動経済学」という学問ジャンルが知られて久しい。人間の行動を統計的に分析して、その特徴を分析するという学問だ。

有り体に言うと、**「人間ってめちゃくちゃバカだなぁ」ということを楽しめる学問**である。研究成果を面白半分で読んで楽しめる学問は珍しいので、ここ10年くらい行動経済学関連の本は腐るほど出ている。

たとえば、僕のお気に入りの実験は「人はイケメンを正しく評価できない」というものだ。

ここに、AとBの2人のイケメン学生がいる。Aはジョージ・クルーニーに似ていて、Bはブラッド・ピットに似ている。

2人の写真を1枚ずつ見せて、「デートするならどっち？」というアンケートを取る。票は大体半分ずつに割れるだろう。2人ともタイプの違うイケメンなので、どちらを選ぶのかは好みの問題というワケだ。

次に、この2人の写真はそのままで、もう1枚写真を追加する。画像編集ソフトでAの写真を加工して、**Aをちょっとブスにしたもの**を追加するのだ。

つまり、選択肢はA（クルーニー）、A'（ちょっとブスなクルーニー）、B（ブラピ）になる。

この3枚の写真を見せて、「誰とデートしたい？」とアンケートを取ったらどうなるだろう？

もし人間が合理的な存在なら、アンケートの結果は先ほど同様、**AとBがほぼ半々**になるだろう。ちょっとブスなクルーニーをわざわざ選ぶ人はほとんどいないので、アンケートの大勢に影響はない。誰も選ばない選択肢を加えたところで、結果は変わらないだろう。

しかし、実際には結果は**激変**する。なんと、**A（クルーニー）が爆発的な人気になったのだ。**

なぜだろうか？　その理由は、「比較をしてしまうから」である。

B（ブラピ）は確かにイケメンだが、比較対象がいない。確信を持って選ぶのが難しいのだ。

一方、A（クルーニー）は、比較対象がいる。A'（ちょっとブスなクルーニー）がいるので、「**この2人なら明らかにこっちだな**」という心理が働く。したがって、**A（クルーニー）がやたらよく見えてしまう**のだ。

どうだろう。こういう実験結果を聞くと「**人間ってバカだなぁ**」と思えてこないだろうか。

「**自分の好みのイケメンを選ぶ」という簡単な選択すら間違う**のである。ましてや、「客観的なデータに基づいて正しい政治家に票を入れる」とか「サボらないで原稿を書く」とか、そんな難しいことができるワケがない。この国の政治が良くならないのも、この本の原稿が遅れ気味なのも、全部人間という生物の特性なのである。僕のせいではない。担当編集者氏もそのことをよくご理解いただきたい。

……とまあこんな風に、行動経済学をやればやるほど「まあ、人間ってバカだからしょうがねえな」と自分や他人の愚かさを許せるようになる。とても楽しい学問である。

さて、そんな行動経済学の中でよく知られた現象に、「プライミング効果」がある。

プライミングとは「先行刺激」と言われるもので、僕たちは直前に与えられた刺激に無意識のうちに影響されている、というものだ。

ありふれた事例で言うと「10回クイズ」が挙げられる。「シャンデリア」と10回言わされた後、「毒りんごを食べたのは?」と聞かれると、つい「シンデレラ」と答えたくなる。「シャンデリア」というプライミングによって、近い語感である「シンデレラ」が出てきやすくなっているからだ。

「なんだ、その程度のことか」とあなどるなかれ。プライミング効果も、我々の想像を遥かに超える凄まじさがある。

ジョン・バルフが行なった実験によると、プライミング効果のせいで**歩く速度が遅くなった**という結果が報告されている。

バルフは、ニューヨーク大学の学生たちを2つのグループに分け、「与えられた単語を使って短文を作れ」という問題を出した。1つのグループには無作為な単語を与え、もう1つのグループには「はげ」「忘れっぽい」「しわ」など、老人を想起させる単語を与えた。

するると、その直後の移動時間で、**老人を想起させる単語を与えたグループの方が明らかに歩く速度が遅くなった。**頭によぎった「老人」のイメージに行動を支配されたのだ。

更に興味深いのは、**「老人」のイメージは彼らの意識にはまったく上ってないことだ。**「先ほどの課題の単語に何か共通点があったと思う？」と聞かれて、答えを出せた学生は1人もいない。つまり彼らは**完全に無意識のうちに老人をイメージし、そのイメージに引っ張られて歩くのが遅くなった**のだ。当然ながら彼らは歩く速度が遅くなったことを自覚していない。「いつも通り歩いている」と思っている。

これもやっぱり、「人間、バカだなぁ」という感じだ。完全に無自覚のうちに歩く速度まで他人にコントロールされることがあるのだ。ちょっと怖くなるような話でもある。我々は他人に管理されていても気づけないのだ。既に管理社会は到来しているのかもしれない。

……と、プライミング効果の力が絶大なことを分かっていただいたところで、本題に入ろう。

プライミング効果に関する実験で確かめられた興味深い事実がある。**「同僚の背中をナイフで刺すことを想像してください」と頼まれた人は、その後「石けん・消毒液・洗**

剤」などを買いたくなるのだ。

一見意味不明な現象だが、どうもこれは悪事の想像によって**自分の魂が汚れた**という感覚によるものらしい。その汚れを洗い流したくなるらしいのだ。すごい。日本では罪のことを「穢《けが》れ」と呼び、それを川で洗い流すことを「禊《みそ》ぎ」というが、この感覚は万国共通らしい。（実験はカナダとかアメリカで行なわれた）

この現象は、「**レディ・マクベス効果**」と呼ばれている。シェイクスピアの戯曲『マクベス』にちなんだ命名だ。**めちゃくちゃオシャレ**。

『マクベス』の中で、主人公マクベスは夫人に「王を殺してあなたが王になりなさいよ」とそそのかされて、王を殺してしまう。マクベス夫人は、**邪魔な人をすぐ殺そうとするだいぶヤバめの夫人**である。

最初こそ人を暗殺しまくりで大活躍のマクベス夫人だが、だんだん不安で精神がおかしくなり始め、終盤では**毎晩「血が落ちない」と言いながら手を洗い続ける悲しい人**になってしまう。

このマクベス夫人にたとえて、「レディ・マクベス効果」という名前が生まれた。もう一度言うが、**めちゃくちゃオシャレ**。学者が発見したものを古典文学になぞらえて命名する上手な修辞法、すごくオシャレでたまらない。

こんなにオシャレなのだから、インテリ悪口に活かさないワケにはいかない。ぜひ使っていこう。あくどい人を見たら「レディ・マクベス効果でそろそろ手を洗いたくなってる」と言っていくことにしよう。

また、あくどい人の行動を遠回しにバカにするサイレント悪口としても有用だ。「**さすが先輩！　しっかり手を洗いますね！**」のように使うと、褒めてるみたいに聞こえる。

ＴＰＯに合わせて使っていこう。

＼使用例／

「斎藤くん、なんか最近やたら羽振りがいいよね」

「あいつ、詐欺同然の情報商材を売って儲けてるんだよ。ネットで集めたバカ相手に〝必ず儲かるネットビジネスの始め方〟を10万円で売ってるんだ」

「うわっ、マジかよ。**レディ・マクベス効果でそろそろ手を洗いたくなってる**かもな」

参考文献／ダニエル・カーネマン『ファスト＆スロー（上・下）』（村井章子訳・ハヤカワ文庫ＮＦ）／ダン・アリエリー『予想どおりに不合理』（熊谷淳子訳・ハヤカワ文庫ＮＦ）／シェイクスピア『マクベス』（安西徹雄訳・光文社古典新訳文庫）

鹿鳴館精神を身につけてる

【対象】

海外かぶれの人

「日本の会社はこれだからダメなんだよね〜！　アメリカでは……」

……と語り出されると、「**うるせえなこのアメリカかぶれが**」と話を止めたくなる。

百歩譲ってアメリカで働いた経験があるならまだ許せるのだが、これを言っている人はたいてい日本でしか働いたことがない。伝聞情報とか、**2週間旅行しただけの経験とか、ヘタするとイメージだけ**でアメリカの会社について喋っている。

一方、海外で働いた経験がある人はあんまり「日本の会社はこれだから……」みたいなことは言わない。

アメリカの某ＩＴ企業で働いていた友人いわく「**オレは日本の会社の労働環境の方が**

好きだよ。オレが働いてた某企業は職能分離がすごすぎて、１ミリでも自分のタスクから離れた仕事はやらない人ばかりだったから、お手伝いの文化がなくて割と寂しかった。日本の会社いいよね、**飲み会とかあるし**」とのことだった。リアルな意見だ。

「隣の芝生は青い」という言葉がある。

実際にはそれほど良いものじゃなくても、漠然と憧れを持って見つめているとつい信奉してしまいがちである。特に、ＧＡＦＡみたいな神格化された存在の物語を見すぎていると。

そんな海外かぶれの人は昔から鼻につく存在だったらしく、こういう人を揶揄《やゆ》する言葉はいっぱいある。

たとえば、「出羽守《でわのかみ》」である。これは本来、悪口ではなく、出羽国の行政官の役職名である。

そう言われてもよく分からないので雑に説明すると、「出羽国」は昔の日本の国名で、現在の山形県と秋田県である。つまり、「出羽守」は「**山形県と秋田県の県知事**」みたいなものだ。

※この説明は厳密には全然違うので、日本史オタクには怒られそうである。「出羽守は中央から統治のために送られてきてるのであって、地方自治によって選ばれる県知事

とは性格が異なっていて……」と怒られそうだ。そういう日本史オタクは**論理療法で論駁されてもらう**（↓P39）として、話を進めよう。

この「**出羽守**」と「アメリカ**では～**」の「では」をかけて、やたらと「アメリカでは～」と連呼する人のことを「出羽守」と呼ぶようになったそうだ。「**海外出羽守**」ともいう。

僕はこの言葉を知ったとき、一瞬「おっ、インテリ悪口かな」と思った。「出羽守」という日本史用語を使って人をバカにするので、高尚っぽい雰囲気がある。

しかしよく考えてみると、これは**単なるダジャレ**である。「でわ」という音だけが重要なのであって、出羽守の役職内容とはまったく関係ない。高尚というよりは、**オジサンのセンス**である。「あたり前田のクラッカー」とかと一緒だ。

そういうワケで、「出羽守」はなるべく使いたくない。もっと高尚なヤツを使いたい。だから他に高尚なものがないかなぁと思って調べてみることにした。

すると、「**アメション**」というのが見つかった。これもやはり海外かぶれ（というか、アメリカかぶれ）をバカにする言葉だ。

もしかしたら使えるかも？　知的な由来かな？　と思いながら調べてみると、「**アメリカでションベンしてきただけ**」だった。**もっと下世話。**全然知的じゃなかった。

しかたないので、いつものように自分で何か考えるしかないのかなと思っていた時に、偶然出会ったのがこの「鹿鳴館精神」という表現だ。『知られざる皇室外交』という本を読んでいたら出てきた。

「皇室が和食でなく、フランス料理で外国の国賓をもてなすのは、『鹿鳴館精神』の名残りがあるからです」

（『知られざる皇室外交』Kindle 位置 No.443-444）

これは東大名誉教授（国際法）の大沼保昭の言葉である。

僕は一発で虜になってしまい、これだ！　と思った。「出羽守」とか「アメション」とかでなく、我々は大沼氏のこの言葉を使っていくべきだろう。

「鹿鳴館」は、明治16年に作られた社交のための西洋館である。明治時代初期、日本政府は「不平等条約を改正したい」と思っていた。これが当時最大の外交上の課題である。

アメリカから黒船がやってきて江戸時代が終わったのは周知の通りである。日本人は圧倒的なアメリカの技術に衝撃を受け、鎖国を終わらせて、不平等条約を結んでしまった。

その後、日本政府は考えた。アメリカになんとか不平等条約を改正してもらいたい。そのためには、「我々は立派な文明国家である」ということを示さなければならない。

そう。**問題は、日本が野蛮な後進国だと思われていたことだ。ほんの10年前まで皆ちょんまげで刀を差して歩いていて、すぐ切腹だの打ち首だのをやっていたヤツ**と考えられてしまうと、どうしてもまともな外交はできない。

だから、欧米風の立派な社交場を作ることによって、「日本はちゃんとした国ですよ」というアピールをしようとしたワケだ。そこで生まれたのが鹿鳴館だった。

鹿鳴館では、とにかく「欧米っぽいことをするぞ！」と強い気持ちで色々なことをやった。一番は**舞踏会**である。西洋風の建物で、西洋風の服を着飾って、西洋風のダンスを踊る。これで欧米列強の仲間入りだ！

……とはならなかった。当時の日本人は振る舞いや服の着方などがまったくサマになっていなかったようだ。

明治18年に来日したフランス人作家のピエール・ロチは、『秋の日本』の中でこう書いている。

燕尾服というものは、すでに我々にとってもあんなに醜悪であるのに、何と彼らは奇妙な恰好にそれを着ていることだろう！　もちろん、彼らはこの種のものに適した背中を持ってはいないのである。……、わたしには彼らがみな、いつも、何だか猿によく似ているように思える。

（『秋の日本』Kindle 位置 No.862–865）

当時の日本人は必死で西洋風の流儀に合わせて、燕尾服を着て踊っていたはずだ。それなのに、本場のフランス人には「なんだかサルに似ているなぁ」と思われていたのだ。**悲しすぎる。**

同じくフランス人の画家であり、風刺画をたくさん残したことで知られるジョルジュ・ビゴーは、**洋服を着込んだ男女をサルにたとえた絵**を描いている。**フランス人、めっちゃサルでイジってくるやんけ。**

鹿鳴館にはそういうところがある。「必死で欧米に追いつこうとしているのに、全然サマになってない」みたいな、**悲しき海外コンプレックス**みたいな逸話がいっぱいある。

今になって思えば、別に日本の文化が悪かったワケでなく、単にテクノロジーで劣っていただけなのだ。ムリして燕尾服で社交ダンスを踊る必要はなかった。

でも、当時はそういう中立な立場でのんきなことを言っていられるような世相でもなかったのだろう。エラい人たちは必死で鹿鳴館を作らせて、西洋風の文化をマネしようとした。

大沼氏はそういう悲しいコンプレックス状態を指して「鹿鳴館精神」という言葉を使っているのだと思う。

ということで、僕らもこれを使っていくと良いだろう。「アメリカでは〜」と言い出すヤツにはすかさず「鹿鳴館精神を身につけてる」と言おう。「鹿鳴館精神」って文字も響きもめっちゃカッコいいから、なんか褒めてるみたいな雰囲気がある。「武士道」みたいな雰囲気がある。便利なサイレント悪口として、率先して使っていこう。

＼使用例／

「大学ホントつまんない。あー、やっぱ海外の大学行けばよかったなぁ！」

「鹿鳴館精神を身につけてるんだね」

参考文献／西川恵『知られざる皇室外交』（角川新書）／松本清張『象徴の設計』（文春文庫）／清水勲『風刺画で読み解く近代史』（三

笠書房）／ピエール・ロチ『秋の日本』（村上菊一郎〔他〕訳・グーテンベルク21）

アリストテレスの講義の冒頭みたいだ

【対象】
予防線を張る人

アリストテレスといえば、「万学の祖」と言われる大賢者である。

その二つ名の示す通り、現代のあらゆる学問の体系を基礎づけたのはアリストテレスだと言っていいだろう。

「基礎づけた」どころか、「完成させたんちゃう？」みたいな学問もある。**論理学**である。アリストテレスが論理学を創始したことはとても有名だ。そして、**その後2000年経っても論理学という学問はほぼ進歩しなかった**。アリストテレスが作り上げた完成度が高すぎたのだ。

カントは『純粋理性批判』の中で、

論理学が現代にいたるまで一歩も進歩できず、どのような観点からみても、この学が完成され、閉じてしまったかのようにみえる

（『純粋理性批判〈1〉』ｐ１４４）

と書いている。少なくともカントの時代、カントの視点では、「アリストテレスから２０００年以上経っても、論理学は一歩も進歩していない」と考えることができた。アリストテレスはそれだけ卓越した完成度の学問体系を作り上げた、稀代《きだい》の天才である。（もちろん、実際に現代まで進歩していないワケではない。カントの死後、フレーゲやヴィトゲンシュタインが出てきて、２０００年ぶりに論理学は発展を迎える）

ということで、あらゆる学問を基礎づけるばかりか、ものによっては激烈な完成度まで１人で持っていった天才・アリストテレスだが、彼の主著『ニコマコス倫理学』を読むと、気になることがある。

それは、「**こいつめっちゃ予防線張るやん**」ということだ。

なんというかこう……「揚げ足を取られたくない」という気持ちがにじみ出ているのだ。僕は正直『ニコマコス倫理学』の本題よりも、「**揚げ足取られたくないんだなぁ**」

ということが印象に残っている。

早速、引用してみよう。『ニコマコス倫理学』の序盤、第3章の記述だ。

論述というものは、それぞれの題材ごとに明確にされるならば、それで十分であろう。というのも、手工芸品の場合でもちょうど同じことだが、何を論述する場合でも同じ程度の厳密さが求められなければならないわけでもないからである。

（『ニコマコス倫理学（上）』p30）

アリストテレスがここで何を言いたいかというと、「これから話すのは**そんなに厳密じゃない話**だけど許してね」ということである。

『ニコマコス倫理学』の主題は、「善とは何か？」みたいな、ボヤッとした哲学的な問題である。

つまり、数学の式変形みたいに、誰がどう見ても反論の余地がないような厳密な話ではなく、**例外を見つけようと思えば見つけられる話**である。

アリストテレスはそこをツッコまれるのが嫌だったのだと思う。「いいか！　今は厳密な話をしてるんじゃないんだぞ！」とめちゃくちゃ強調している。

また、ここで彼は「手工芸品の場合でもちょうど同じことだが」と例を出している。あんまりピンとこないけれど、要するに「小さいアクセサリーを作る時は０・１ミリのズレも許されないが、大きい木彫りの熊を作る時は大雑把でもいいよね」みたいな話だろう、多分。

そして、続きはこれ。

たいてい成り立つ事柄の領域について、そのようなたいてい成り立つ原則や事実をもとに語る場合は、まさにそれと同じ種類のたいてい成り立つ事態を結論として導くことで満足すべきなのである。

（同前ｐ31）

とまあこんな調子で、第3章はだいたい全部予防線だ。

ちなみに、同書『ニコマコス倫理学』はアリストテレスが講義に使ったノートである。聴講者に対して話す内容が書いてある。

おそらく、アリストテレスは講義の中で**聴講者からクソリプを食らう**のが嫌だったのだと思う。「え？　でも先生、こういう場合もありませんか？」「うるせえな！　例外もあるよ!」というやり取りがダルかったのだろう。教師経験の長いアリストテレスはクソリプにうんざりしていたのかもしれない。

そんな予防線まみれの第3章が終わり、どんどん講義の内容が展開されていくのだが、なんと**第7章でまた同じ予防線の復習が入る。**

先に語られたことを記憶に留めておくことも必要である。すなわち、どのような論述にも同じような厳密さを求めるのではなく、それぞれの話題に応じて、その研究に固有な程度の厳密さを求めることが必要である。

(同前p61)

「これは数学みたいな厳密な話じゃないからね!」というのを再び確認する。**前に出てきてから30ページくらいしか進んでないからまだ皆憶えてると思う**けど、アリストテレスは一応復習して揚げ足を取られないようにするのである。

しかも、軽く復習するぐらいならともかく、ここでまたガッツリ同じ話をするのだ。**新しい例まで出して。**

大工は仕事に有益な程度で直角を求め、幾何学者は直角とは何であり、どのようであるかという観点で直角を求める。なぜなら幾何学者は真理を研究する人だからである。

（同前ｐ62）

もう分かったって！　その話さっきも聞いたよ!!

さっきは「手工芸品」の例だったけど、今度は「大工と幾何学者」の例だ。**同じ話をガッツリ2回**している。**わずか30ページの間隔**で。講義の時間に直すと多分30分ぐらいだと思う。

友人と酒を飲んでいると「その話、**先月もしてたよ**」と言われることがあるが、よほど泥酔していない限り「その話、**30分前もしてたよ**」と言われることはない。**アリストテレス、泥酔してた**のだろうか。

いや、アリストテレスに限ってそんなワケはない。前述の通り、彼は揚げ足を取られるのがめちゃくちゃ嫌だったのだろう。だから、何度でも同じ話をするのだ。

だが、読んでる僕としては「うわっ！　**また予防線張ってる！**」ってなってしまい、そこをバカにしたくなる。「アリストテレス先生、めっちゃ予防線張ってますやーん」とイジりたくなる。**揚げ足を取られないようにした結果、別の場所でイジられる**とは本末転倒だ。策士策に溺れるといった趣がある。

ということで、皆さんの身の回りで予防線を張りまくる人がいたら、ぜひ「アリストテレスの講義の冒頭みたいだ」と言ってあげてほしい。

使用例

「スマブラやるの久しぶりだな～。腕鈍ってるかも。あと、いつもゲームキューブのコントローラーでやってたからこのコントローラー慣れねえわ～。あと、ホントはこのキャラが一番得意なんだけど今日はこっち使うわ」

「アリストテレスの講義の冒頭みたいだ」

参考文献／カント『純粋理性批判〈1〉』（中山元訳・光文社古典新訳文庫）／アリストテレス『ニコマコス倫理学』（渡辺邦夫・立花幸司訳・光文社古典新訳文庫）／ヴィトゲンシュタイン『論理哲学論考』（丘沢静也訳・光文社古典新訳文庫）

ボキャブラリーをスタックで管理してるのかよ

【対象】

憶えた言葉をすぐ使う人

コンピュータ・サイエンスを専攻していた大学生の時、必修科目の教科書として『アルゴリズムとデータ構造』という分厚い本を買わされた。実に4500円・486ページの本である。僕はその分厚さを見て、「**聖書じゃないんだから**」と思った。

しかし、この後に僕は己のツッコミを反省することになる。**この本は聖書だった**。

「コンピュータの世界における本質は何か?」と問われたら、答えは2つだ。ずばり、

アルゴリズムとデータ構造である。

アルゴリズムとは、「どのように計算するか？」であり、データ構造とは、「どのように記録するか？」である。

つまるところ、我々がコンピュータに求めることはこの2つしかない。コンピュータのやっている作業は**計算と記録**の繰り返しであって、それ以上でもそれ以下でもない。だからこそ、アルゴリズムとデータ構造は**コンピュータ・サイエンスの全て**であると言えるだろう。

そして、同書『アルゴリズムとデータ構造』は、タイトルから分かるように、その全てが詰まっている。これは**コンピュータ・サイエンスにおける聖書**なのだ。

……ごめん、それはサスガに言いすぎかもしれない。

でもいずれにせよ、素晴らしい本である。僕は特別に勉強熱心な大学生ではなかったが、それでもこの本の魅力に取り憑かれたし、コンピュータ・サイエンスの楽しさはこの本に教えてもらった。専門書というのは**必要に駆られてしかたなく読むもの**だと思っていたが、この本だけは**普通に面白かったから全部読んだ**。後にも先にも、そんな経験は人生で一度だけだ。

アルゴリズムやらデータ構造やらについて考えることは、**パズル的な面白さがありつ**

つ、身近で使われている技術の勉強にもなるという一石二鳥っぷりだった。

そこで、この面白さを皆さんにも簡単に伝えてみようと思う。

最も基本的なデータ構造は何かと言われたら、2つ挙げることができる。「スタック」と「キュー」だ。

「スタック」は、その名の通り、積み重ね（stack）である。あなたの家の食器棚の皿をイメージしてもらいたい。皿をしまう時は一番上に重ねるだろうし、使う時は一番上から取るだろう。

つまり、「最後に入れたものを、まず使う」というデータ構造だ。

一方、「キュー」は、待ち行列（queue）である。ラーメン屋の行列をイメージしてもらいたい。次にお店に入る人は誰かというと、最初に並んだ人である。

つまり、「最初に入れたものを、まず使う」というデータ構造だ。

この2つは状況に応じて使い分けていくべきものなのだが、コンピュータを使って問題解決をする時に使いこなさないといけないのは、どちらかというと**スタック**の方である。

コンピュータの中身は、**めちゃくちゃ忙しいベンチャー企業**に似ている。そこでは常に大量の仕事が舞い込んできて、皆パニックになりながらなんとか仕事をこなしている。

このあまり好ましくない職場で働いてることを想像してほしい。

あなたは、経理の書類を書く仕事をしている。1ヶ月後の決算日までに処理しなければいけない書類を、一生懸命書いている。

しかし、ここであなたの上司から緊急の司令がやってきた。「明日使う契約書をチェックしなきゃいけなくなった！　お前頼むわ！　至急ね！」と。**より優先度の高い仕事がやってきた**のだ。

ここであなたはどうするだろうか。さっきまでやっていた経理の書類はそのままにして、その上に契約書を積み重ねる。より優先度が高いのは契約書の方だから、まずはこれを片付けなければならない。

さて、契約書を一生懸命読み始めたあなたに、すぐにまた上司が話しかけてきた。「ヤベー!!　今日中に役所に持っていかないといけない書類、書いてないわ！　お前書いてくれ！　今すぐ!!」と。

そして上司にまた、役所に提出するべき書類を渡される。あなたはさっきまで読んでいた契約書の上に、その書類を積み重ねる。とにかくまずは役所の書類を片付けないと……。

……どうだろう。**考えているだけで頭が痛くなってくるような労働環境**だが、とにかくコンピュータが仕事をする時のイメージは摑んでもらえたのではないかと思う。

要するに、「より優先度の高いものが舞い込んでくるので、それを一番上に積む」ということをしょっちゅう行なうのである。

そのために使うデータ構造がスタックなのだ。「一番最後に積んだものを一番最初に処理する」のが、スタックの本懐である。

これを理解しておくと、色々な場面でインテリ悪口に応用できる。

たとえば、先ほどの例で挙げたような激務の職場に勤務している方は、「この職場、めちゃくちゃスタック積ませてくるじゃん」などと言うことができる。

「スタックに積みすぎて限界に達して処理が不可能になる」ことは「スタック・オーバーフロー」と呼ぶので、めちゃくちゃ積んでくる上司に対して「**もうスタック・オーバーフローです!!**」などと言うこともできるだろう。

しかし、今回推奨したいのは、職場での利用ではなく、「憶えた言葉をすぐ使おうとする人」に対する利用である。

以前、友人と飲んでいる時に、会話の中で「それって確証バイアスじゃない？」と言われた。確証バイアスというのは「自分の信念に合う情報だけを集めてしまう」みたいな現象である。

最初はあまり気にならなかったのだが、その後も彼は「まあそこは確証バイアスだと思うんだけど……」とか「これ、確証バイアスの可能性が高いよね」とか言っていた。

2時間の飲み会で3回「確証バイアス」を使っていた。

僕は「こいつ、**確証バイアスって言葉を最近憶えたから、使いたくてしょうがないんだな**」と思った。

最初はスルーしていたものの、途中で我慢の限界に達してしまい、「お前、**確証バイアスを憶えたことによって何でも確証バイアスだと思ってしまう確証バイアスがかかっているぞ**」とめちゃくちゃややこしいツッコミをしてしまった。僕の人生で一番ややこしいツッコミだったと思う。

こういうややこしいツッコミに陥らないようにするために、もう少しシンプルなインテリ悪口を持っておこう。

それこそが、「ボキャブラリーをスタックで管理してるのかよ」だ。

確証バイアスの友人のように、「**一番最近憶えた言葉がすぐ出てくる**」という状態は、まさに**スタック**だからだ。**最後に入れたものを、まず使う**、である。

このインテリ悪口の優れている点は、含意として「お前のボキャブラリー貧弱すぎない？」があるところだ。

スタックというのは一般に、**大量のものを保管するための場所ではない**。ごく少量のものを保管する場所だ。

激務の職場の例を思い出すと分かりやすいだろう。**机**に積み上げられていく書類はあくまで**現在進行中のものだけ**である。

処理が終わって用済みになった膨大な書類は、**棚**に入れるべきだ。

そう、スタックはあくまで一時的な場所であり、大量の書類をしまうのは別の場所があるべきだ。この別の場所（棚）のことを**データベース**と呼ぶ。

我々は普通、ボキャブラリーをデータベースで管理している。憶えている大量の単語の中から、適切なものをその都度選んできているのだ。

一方、「最近憶えた言葉ばっかり出てきちゃう人」は、ボキャブラリーをスタックで管理している。つまり**棚ではなく机の上で管理**しているのだ。

当然、彼らは**机の上に重ねられる程度のごく少量の書類しか保管できない**。

つまり、「ボキャブラリーをスタックで管理してるのかよ」は「最近憶えた言葉ばかり使いやがって！」のみならず、「お前のボキャブラリー貧弱すぎん？」というメッセージも同時に伝えられるのである。実に重厚で、深みのあるインテリ悪口であると言えるだろう。

\ 使用例 /

「それ確証バイアスじゃない？」

「ボキャブラリーをスタックで管理してるのかよ」

参考文献／石畑清『アルゴリズムとデータ構造』（岩波書店）

第3章

飲み会編

【対象】

◇「子どもを作らないと人間が浅いままだよ」みたいな押しつけをしてくる人

◇ 酒強い自慢してくる人

◇ 酒弱いアピールしてくる人

◇ 酒癖が悪い人

◇ キレイゴトばかり言う人

◇ しまりのない顔をしている人

◇ 当たり前の話を喋っちゃう人

最終的に石になる感じですね

【対象】

「子どもを作らないと人間が浅いままだよ」みたいな押しつけをしてくる人

「家庭を持ち、子どもを作ってこそ一人前だぞ！　早く結婚しろ！　人間が深まらないぞ！」みたいなことを言う人がよくいる。

こういう人を見る度に「うわっ！　**浅い人間だ!!**」と思う。**こんな決めつけをしている時点で彼の人間が深まっていないのは明らか**なので、口にした瞬間矛盾が生じるという面白い発言である。

論理学でよく知られている有名な問題に「クレタ人のパラドックス」というのがある。

こういうヤツ。

●クレタ人が言った。「クレタ人はいつもウソをつく」と。

この発言を信じると、すぐ矛盾にぶち当たる。クレタ人がいつもウソをついているのが本当なら、彼のこの言葉もウソだということになってしまうからだ。

「子どもを作らないと人間が深まらない（＝子どもを作れば人間が深まる）」という言説も同じだ。これを言ってくる人は子持ちのはずだが、こんな決めつけをしてくるのは人間が浅いことの証拠なので、やはりパラドックスが発生している。「**子持ちバカのパラドックス**」である。

ということで、この子持ちバカが現れた時はストレートに「**クレタ人のパラドックスみたいっすね**」と言ってもいい。これだけでもインテリ悪口として成立している。

しかし、「クレタ人のパラドックス」はあまりにも有名である。論理学の本を読んだことがある人なら必ず知っているくらいの知名度なので、インテリ悪口としてはレベルが低いというか、もっとマイナーな知識を使って周囲との差を見せつけたいところだ。せっかくなのでもう少し技巧を凝らそう。

ギリシア神話に、ニオベという女性が出てくる。

ニオベはとても子だくさんの母親で、なんと12人の子どもを産んだ。すごい。現代ではそんな人はめったに見ない。ビッグダディならぬ**ビッグマミィ**である。

このビッグマミィ、12人も子どもを産み育てていることを誇りに思っているようで、周りの人にうっかり自慢してしまうクセがある。

ある日ニオベは、うっかり女神レトに対して「私は12人も子どもがいるんですよぉ。**レトさんは2人しか子ども産んでないん**でしたっけ⁇ **私は12人ですけど???**」とイキってしまった。文字通り、**神をも恐れぬ行動**である。

当然、**女神レトはブチギレ**。「おい人間ごときが神である私に対してイキってるんだけど? 調子こきすぎじゃやね???」ということになった。レトがもしその辺のギャルとかだったら「**あいつハブろうぜ**」と仲間はずれにされるぐらいで済みそうだが、何しろ**神**である。当然そんなものでは済まない。

結果、ニオベの**12人の子どもは全員殺されてしまった**。理不尽～!! 子どもは何も悪くないのに、**謎の連帯責任**である。古代の神話はこういうことが非常に多い。

そして、これまたよく分からないが、ニオベ自身は最終的には**石になった**。

悲惨である。**子どもは全員殺され、本人は石にされた**。明らかに罪と罰のバランスが合ってない気がする。罪は「子だくさんを自慢した」だけなのに、こんなひどい仕打ちある???

まあでも、これも古代の神話あるあるだ。旧約聖書とか読んでても、**「民が文句言っててうるせえから1万4700人殺した」**（「民数記」第16章49節）みたいな話がわんさか出てくるし、罪と罰のバランスが合わないのはもうそういうものだと諦めよう。

ということで、「子どもを作らないと人間はダメだぞ！」みたいな、子どもの数でマウントを取ってくる人に対しては、「ニオベみたいだなぁ。最終的に石になる感じですね」と言ってみるといいだろう。

余談だが、ニオベが石になったとされる場所は現在のトルコ西部のスピル山である。ここに実際「ニオベの泣き岩」と言われる岩がある。ググってもらえると画像が出てくるが、確かに**泣いている女性の横顔っぽい岩**で面白い。

この岩の画像を一度見ておくと、目の前の人が岩になった様子をありありと想像できるようになるのでオススメだ。「ニオベの泣き岩」ならぬ「山田課長の泣き岩」を想像すると楽しくなると思う。ぜひ画像もチェックしていただきたい。

＼使用例／

「やっぱり結婚して子どもを持たないと一人前になれないからね！　早く家庭を持ちなよ！」

「お〜ニオベだ！　**最終的に石になる感じですね！」**

参考文献／ホメロス『イリアス（上・下）』（松平千秋訳・岩波文庫）／『口語訳聖書』（日本聖書協会、1955年）

memo

この項を書くにあたって、厳密な論理の運用はしていないことを申し添えておく。

よく知られたことだが、厳密には「クレタ人のパラドックス」はパラドックスではない。「クレタ人はいつもウソをつく」の逆は「クレタ人はいつも本当のことを言う」ではなく「クレタ人はいつもウソをつくとは限らない」なので、別に矛盾していないとも言える。

しかし今回はそんな厳密な論理の話がしたかったワケではないので、テキトウにごまかして終わることにした。

したがって、「これは厳密にはパラドックスではない」「著者は論理のことがまったく分かってない」といったツッコミはやめてほしい。

以上である。え、**アリストテレスの講義の冒頭みたい**だって？（↓p96）うるせえな。お前こそ、**ボキャブラリーをスタックで管理してるのかよ**（↓p103）。

先祖が汚かった

【対象】

酒強い自慢してくる人

「人類は農耕が始まったことによって、アルコールへの耐性を進化させた」という説がある。

どういうことか。

狩猟採集時代は、人類はごく小さな集団で、移動しながら暮らしていた。この時代は非常に衛生的な時代であった。水辺はいつだってキレイだった。

ところが、農耕が始まると、衛生環境は劇的に悪化した。大量の人間が密集して定住し、同じ場所に糞尿をし続けた。水辺はあっという間に汚染され、手に入る飲み水は大腸菌まみれになってしまった。

こうなってくると、**もはや水を飲むのは安全ではない**という世界が出現する。

では何を飲むのかというと、**酒である**。

ご承知の通り、アルコールは細菌を殺す効果がある（除菌用アルコールという商品が売られているくらいだ）ので、水が汚くなった環境では「水の代わりに酒を飲む」というのは合理的な選択と言えそうである。

つまり、人類のアルコールへの耐性は「汚い環境に耐えるために生まれた」というワケだ。

こう考えてみると、たしかになんとなく「汚いところに住んでる民族ほど酒に強い」イメージがあるのではないだろうか（**怒られそうだけど**）。

我々日本人は世界的に見て極めて酒に弱い民族だが、世界有数の衛生環境を持っている国民でもある。日本は古くから風呂文化が盛んだった。江戸時代にはあちこちに銭湯があり、庶民から殿様まで皆入浴していた。

一方、同時代のフランスでは**ほとんど風呂に入らない貴族たちが糞尿を庭に撒き散らすヴェルサイユ宮殿**などが完成していたワケで、そりゃあフランス人の方が酒に強いだろうという感じがする（**怒られそうだけど**）。

ということで、**酒に強く進化した**ということは**先祖がより汚い環境にいた**ということを意味するかもしれない。

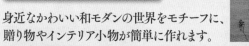

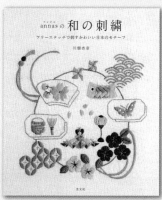

これを踏まえて、酒強い自慢をしてくる人には「**先祖が汚かったんですね**」という悪口が使える。

＼使用例／

「どう？　佐藤くん飲んでる？　もう１杯どう？」

「あっ、課長、すみません私とても弱いもので……」

「若いのにだらしないねぇ！　僕が若い時にはジョッキ10杯でも20杯でもイケたもんだよ！」

「課長の先祖は汚かったんですね」

参考文献／ウィリアム・フォン・ヒッペル『われわれはなぜ嘘つきで自信過剰でお人好しなのか―進化心理学で読み解く、人類の驚くべき戦略』（濱野大道訳・ハーパーコリンズ・ノンフィクション）

先祖が汚かった（Another Side）

【対象】

酒弱いアピールしてくる人

前項の「人類は汚い環境に適応するためにアルコールへの耐性を進化させた」という話は仮説の1つに過ぎない。なぜ民族ごとにアルコール耐性が異なるのかについては諸説ある。

面白いのは、**まったく逆の可能性を示唆する仮説もある**ということだ。

アルコールは体内で分解されると、まず**アセトアルデヒド**に変わる。このアセトアルデヒドは非常に毒性が強い物質だが、更にこれが体内で分解されると無害な**酢酸**に変わる。

我々が二日酔いになるのは、アセトアルデヒドを分解できる能力を超えてお酒を飲んでしまうからである。言い換えれば、二日酔いとは、体内に**猛毒のアセトアルデヒドが滞在している状態**なのだ。あの異常な気分の悪さの元凶は、アセトアルデヒドである。

余談だが、皆さんは二日酔いの時、昨日の自分を責めてしまいがちなのではないだろうか？　それは精神衛生的によくないからやめた方がいい。僕ぐらい開き直る名人になると**アセトアルデヒドを責める。**

「なんであんなに飲んじゃったんだろう……」と後悔していると気分が落ち込むばかりだが、「**アセトアルデヒドふざけんな!!**」と考えると闘争心が湧いてくる。二日酔いの時にオススメのライフハックだ。

さて、我々アジア人の半分ほどはアセトアルデヒドを分解する酵素の働きが弱く、二日酔いになりやすい。いわゆる「酒に弱い」のである。

なぜこんなことになったのだろうか？　猛毒のアセトアルデヒドは早く分解できた方が生存に有利なはずなので、進化の過程で「酒に弱い遺伝子」は淘汰《とうた》されてしまいそうなものだ。

この問題を解決する1つの仮説が、「**猛毒のアセトアルデヒドをあえて体内に残すことで、雑菌を殺していたのではないか**」というものである。

そう、「**酒に弱い遺伝子」は、不衛生な環境で生き残るのに有利だったのかもしれな**

い。だからこそ一部の人類はあえて酒に弱く進化したのだ。

この仮説が正しいとすれば、元々人類は酒に強かったが、一部の人類は**不衛生な環境で進化した結果、酒に弱くなった**ということになる。

つまり、**酒に弱い人にも「先祖が汚かったんですね」という悪口が使える**。なんということだろう。諸説あるせいで酒が強い人にも弱い人にも使える便利な悪口が生まれてしまった。**リバーシブル悪口**。

過度な「酒強いアピール」も「酒弱いアピール」も、飲み会の場でされると鬱陶《うっとう》しいものである。その時はとりあえず「先祖が汚かったんですね」と言っておけば外さない。便利なのでぜひ憶えておこう。

＼使用例／

「私、ホントお酒弱いんですよ〜。カシオレ1杯で酔っ払っちゃう!!」
「そうなんですか？　じゃあ控えた方がいいですね。僕は日本酒飲むけど」
「日本酒とかホント信じられないです〜！　ひと口もらっただけでもクラクラしちゃう!!」

「うん……先祖が汚かったんですね」

参考文献／ＮＨＫ　ＮスペＰｌｕｓ『飲みたくなるのは〝進化の宿命〟!?　酒の知られざる真実』(https://www.nhk.or.jp/special/plus/articles/20200127/index.html　２０２１年６月４日)

黒田清隆ばりだな

【対象】

酒癖が悪い人

黒田清隆は薩摩藩士。薩長同盟の主要人物であり、内閣総理大臣も経験している。北海道開拓使のトップを長く務めたので、特に北海道の博物館を巡っているとそこら中に黒田清隆の写真や銅像がある。すごく偉人っぽい。

しかし、そんな華々しい功績の部分ではなく、今回は彼の**酒癖の悪さ**にスポットライトを当ててみたい。なんといっても、黒田清隆のウィキペディア記事には「酒乱」という小見出しがあるのだ。そんな偉人、初めて見た。

彼の酒乱エピソードとして一番有名なのは、「黒田長官大砲事件」と呼ばれる事件である。船に乗っている時に**酔っ払って大砲を誤射して、住民を殺しちゃった事件**として知られている。**酒乱とかそういうレベルじゃない**。大問題である。

だが、ちょっと待ってほしい。いくら何でもメチャクチャな話ではないだろうか。北海道開拓の父であり、内閣総理大臣も務めた彼がそんな破壊的な失敗をするだろうか？
そう思って調べてみると、**やはり怪しい情報だということが分かった**。いい加減な本やいい加減なネット情報では「酔っ払って撃ち殺した」と明記されているのだが、一次資料にあたってみると、そこまでは読み取れない。『高島町史』第17章から読み取れる内容は以下の通りである。

- **黒田清隆は、船から岩に向かって大砲を撃った。**
- **そしたら、狙いが外れて家に当たった。**
- **家にいた人は大ケガして、死んだ。**

ということで、「お酒を飲んでいたかどうか」は分からない。よかったよかった。「酔っ払って撃ち殺した」というのは俗説だった。現代はいい加減な情報が跋扈する時代だから、一次資料を確認するのは大事である。めでたしめでたし……。

……**ではないよな**。何もよくない。黒田清隆は酔っ払っていなかったかもしれないが、**酔っ払ってない方が怖い**。シラフで「岩に向かって大砲を撃とうぜ！」と言い出す偉人、メチャクチャ怖い。

そもそも、**なぜ岩に向かって大砲を撃ちたくなったのか？**　はっきりした答えは分からないのだが、噂レベルで『高島町史』に紹介されている説はこれだ。

・岩に住んでいる龍を退治するため。

……なるほど。**酔っ払いのたわ言**だ。仮にこの理由が本当なのだとしたら、ぜひとも酔っ払っていてほしい。シラフで「龍がいるから大砲を撃つぞ！」と言い出す要人はマジでヤバい。**そんなヤツが国を動かすな。**

そういうワケで、黒田清隆が「酔っ払って住民を誤射した」という表現は厳密ではなく、どちらかというと**シラフだったら超ヤバいので、酔っ払っていてほしい**というのが適切である。

あと、『高島町史』によれば、黒田清隆は**この事件の責任を艦長に押し付けつつ、被害者遺族にはお金を払って許してもらったら**しい。最後までハチャメチャな事件だ。

他にも、黒田清隆の「トンデモ酔っぱらいエピソードの噂」は枚挙にいとまがない。

当時折り合いが悪かった井上馨《かおる》の家に**酔っ払って殴り込み、刀を抜いた**とかそんな話もある。真偽は分からない。

挙げ句の果てに、**酔っ払って自分の奥さんを殺したという報道もされて**いる。こちらも真偽は分からない。真偽が分からない酔っぱらいエピソードがこんなにある人も珍しい。少なくとも、これだけ大量の噂が立つほどに酒癖が悪かったことだけは確かなようだ。

ということで、メチャクチャ酒癖が悪い人のトンデモ酒乱エピソードを聞いた時は、**「黒田清隆ばりだな」**と言ってみるといいだろう。真偽が分からないレベルのものだとなおピッタリだ。

ちなみに、黒田清隆は明治の豪傑たちの中でもトップクラスの酒豪でもあったらしい。先祖が汚かったのかもしれない（↓p117）。

だから、「酒に強いけど酒癖が悪くない人」に対しては、**「先祖は汚かったけど黒田清隆ではないですね」**などと組み合わせたインテリ悪口も言える。

本書に出てくる悪口は自由に組み合わせ可能なので、レゴブロックのように何万通りもの応用ができるのだ。皆さんのクリエイティビティを発揮して素敵なインテリ悪口ライフを送っていただきたい。

＼使用例／

「高橋、クラブのVIPルーム貸し切ってパーティするって言ってたじゃん」

「言ってたね」

「そのパーティ、悲惨なことになったらしいよ。酔っ払って皆めっちゃゲロ吐いたし、グラス割りまくったり設備壊したりして、修繕費として90万円請求されたらしい」

「マジかよ。**黒田清隆ばりだな**」


参考文献／井黒弥太郎『黒田清隆（人物叢書）』（吉川弘文館）／『高島町史』（高島尋常高等小学校）／栗下直也『人生で大切なことは泥酔に学んだ』（左右社）

道徳貯金が赤字じゃない？　家で人種差別とかしてる？

【対象】

キレイゴトばかり言う人

心理学者のブノワ・モナンは、２００１年に発表された論文で、**人間の道徳があたかも貯金のように目減りする**と主張した。

めちゃくちゃ雑に抜き出すと、彼が行なった実験はこんな感じ。

- **白人の学生**（被験者）**に、企業の採用担当者になったつもりで面接をしてもらい、**

5人の内の1人だけを採用してもらう。

- 面接の中に1人だけ、明らかに優秀な人間（スター）が混ざっている。
- スターは白人の場合もあれば、黒人の場合もある。
- 被験者たちは、人種差別をしなかった。適切にスターを採用した。白人でも黒人でも無関係に。
- しかし、黒人スターを採用した被験者は、この面接が終わった後のアンケートで、黒人に対して差別的な選択肢を選ぶ傾向にあった。
- 一方、白人スターを採用した被験者は、黒人に対して差別的な選択肢を選ばなかった。

つまり、**面接中に「黒人差別をしてはいけない」と意識した被験者の「道徳貯金」はそこで使い果たされてしまい、後で差別をしてしまった**というワケだ。とても面白い実験である。**道徳は使うと減る。**

この話を敷衍《ふえん》すると、常に理性的な振る舞いをしている人は**外で道徳貯金を使い果たしているので、家の中ではとんでもない暴れん坊**ということになる。

したがって、「いつもキレイゴトばかり言ってる人」「品行方正な人」にはこの悪口が使える。「道徳貯金が赤字じゃない？　家で人種差別とかしてる？」である。

＼使用例／

「山田課長、マジでウザいわ〜。いつもネチネチうるさいし、保身ばっかり考えてて全然楽しく仕事させてくれない！　セクハラもするし、ホント最低！　ユウコもそう思うでしょ？」

「まあ、気持ちも分かるけど、課長も中間管理職として板挟みで大変だから、許してあげようよ」

「もういいじゃんそういうキレイゴトは。今日はサシ飲みなんだから本音で話そうよ！　実際、山田課長はウザいでしょ？」

「う〜ん、まあ感じ方は人それぞれだから……」

「ユウコ、道徳貯金が赤字じゃない？　家で人種差別とかしてる？」

参考文献／Benoit Monin［他］「Moral Credentials and the Expression of Prejudice」（American Psychological Association『Journal of Personality and Social Psychology』Vol. 81, 2000）

青鯖が空に浮かんだような顔しやがって！

【対象】

しまりのない顔をしている人

「天才」と冠される詩人は多いけれど、中原中也はその代表格だ。天才っぷりにおいて頭1つ抜けている気がする。

彼はとにかく音声への感覚が鋭敏で、思わず音読したくなる詩をたくさん書いている。

僕は中学だか高校だかの教科書に載っていた「サーカス」にドハマリして、暗誦するようになった。「サーカス」は全文通して音が気持ちいいのだが、特に良いのはラスト。

観客様はみな鰯
咽喉《のんど》が鳴ります牡蠣殻《かきがら》と
ゆあーん　ゆよーん　ゆやゆよん

屋外《やがい》は真ッ闇《くら》　闇《くら》の闇《くら》
夜は劫々《こうこう》と更けまする
落下傘奴《らくかがさめ》のノスタルヂアと
ゆあーん　ゆよーん　ゆやゆよん

（『山羊の歌』）


幼い僕は、意味も分からずに口ずさんでいた。「落下傘奴のノスタルヂアと　ゆあーん　ゆよーん　ゆやゆよん」と。

大人になった今音読しても、七七調の小気味いい響きの羅列に、やはり心をグッと掴まれる。魅力的な言語感覚である。

「**落下傘奴**《らくかがさめ》」という日本語、一生思いつく気がしない。おそらくサーカス小屋のテントをパラシュート（落下傘）にたとえているのだろうが、「落下傘《らっかさん》」だと、七七調にならない。音の数が合わないのだ。そこで「落下傘奴《らくかがさめ》」という**謎の日本語**を堂々と使っている。

「サーカス小屋」なら最初から音の数がピッタリなので、「**サーカス小屋のノスタルヂアと**」とすれば良さそうなものだが、中原中也はそんな凡庸な詩は書かない。ここは「**落下傘奴《らくかがさめ》のノスタルヂアと**」なのだ。

そして、天才のすごいところは、詩の完成形を見せられると「**もうこれしかないな**」と思わされることだ。「落下傘奴《らくかがさめ》」は**自力では一切思いつかない変な日本語**にもかかわらず、この詩の穴埋めテストをしろと言われると僕はもう「落下傘奴《らくかがさめ》」しか埋められない。それ以外のあらゆる単語を入れてもしっくりこないのだ。「サーカス小屋」なんてもってのほかだ。

詩に正解なんてない。分かりきったことだ。

それでも、中原中也の詩を音読してしまった後は、「ここにはこの言葉が入るのが正解だ」と感じてしまう。たとえそれが「落下傘奴《らくかがさめ》」という**アバンギャルドな言葉選び**だったとしても。

きっと、それこそが偉大な詩人の素養なのだろう。存在しない正解を正解だと錯覚させてしまうような言葉の力。それを持っているからこそ、「天才」という枕詞《まくらことば》をほしいままにできる。

言うまでもないことだが、「天才」は先天的なものだ。

意識して身につけたものではないから、その才能は常時発揮されている。電源をオン・オフできるようなものではない。

中原中也は詩を書いている時だけでなく、常時天才である。そして常時アバンギャルドである。ましてや、**飲んだくれている時**などは言うまでもなくめちゃくちゃである。

こちらも歴史に名を残す文豪・太宰治は、中原中也に対して複雑な感情を抱いていたようである。**尊敬する気持ちと、嫌悪する気持ちが同時にあった**らしい。

というのも、中原中也は天才なのだが、何しろアバンギャルドでめちゃくちゃなので、酒を飲むととんでもない暴言を吐いたり攻撃性を発揮するのだ。

『小説　太宰治』によれば、「**凄絶な中原の搦《から》み**」に耐えられなかった太宰治は、**飲み会の途中で逃げ帰る**のが基本戦術だったらしい。中原中也の搦み、どんだけすごいんだ。

しかし、ある日事件が起こる。例のごとく中原中也と太宰治が飲んでいる時、最初は仲良く喋っていたのに、酒が回ると中原中也が例の**搦み**を始めた。

太宰治はそれをテキトウにやり過ごしていたのだが、中原を尊敬する気持ちが漏れ出してしまい、**甘くたるんだような声で返事をしていた**そうだ。今風に言うなら、**ニヤニヤしていた**のだろう。

そんなニヤニヤした太宰を見て気に入らなかったアバンギャルド中原は、こう言った。

「青鯖が空に浮かんだような顔をしやがって!!」

さすがの**天才詩人のセンス**である。「落下傘奴《らくかがさめ》」も一生思いつく気がしないが、「青鯖が空に浮かんだような顔をしやがって!!」も一生思いつく気がしない。中原中也は、**飲み会の暴言まで天才的**だ。

僕らもこれを踏襲して、飲み会でしまりのない顔をしている人を見かけたら「青鯖が空に浮かんだような顔しやがって！」と言ってみると良いと思う。独特の暴言を飲み会で活用していくことで、天才詩人・中原中也の言語センスを着こなそう。

＼使用例／

「ねえ高橋さーん、ちょっと君の意見も聞かせてよぉ。若い人の話も聞きたい！　ここ座ってここ!!　ほらほら!!」

「なんですか課長。**青鯖が空に浮かんだような顔して**」

参考文献／檀一雄『小説　太宰治』（小学館）／中原中也『山羊の歌』（青空文庫）

memo

ちなみに、この後中原中也は「お前は何の花が好きなんだ!?」と太宰治に問い詰め、太宰治が「桃の花」と答えると、「ちっ、だからおめえは！」と吐き捨て、最終的に乱闘になったらしい。**このくだり、1つも意味が分からなくて最高だ。**なんで好きな花を聞いたのかも分からないし、「桃の花」という回答がダメな理由も分からない。乱闘になる理由に至っては想像もつかない。**文豪は僕たちの常識の外に住んでいる。**だからこそ「青鯖が空に浮かんだような顔」などというフレーズが発生するのだ。

また、ここに居合わせた檀一雄は乱闘の中で太宰の味方をしたらしく、「中原がこの角を曲がってきたら丸太で脳天を割ろう」と**丸太を構えていたら**しい。**全員頭おかしいよ**。「丸太を構える」って**『彼岸島』かよ**。

幸い、中原は違う道を通って帰ったので、檀一雄の**彼岸島大作戦**は成功しなかった。よかった。もし成功していたら中原中也の死因は「**丸太で脳天をかち割られたから**」になるところだった。そんな死因だったら面白すぎて詩を鑑賞するどころじゃなくなってしまう。中原中也は病死で本当に良かった。「若くして病死」って、詩人として最高の死に方だよね。

シャノンの情報理論的には情報量ゼロ

【対象】

当たり前の話を喋っちゃう人

数学者クロード・シャノンは、現代のコンピュータ技術の基礎中の基礎である「情報理論」を創始して、「情報理論の父」と呼ばれた。

彼の情報理論が画期的だったのは、それまでは曖昧な概念だった「情報」を数学的に扱えるようにしたこと。我々が現在「**7ギガバイト**」のように情報量を数字で扱えているのは、彼の理論のお陰である。

シャノンの理論の骨格をめちゃくちゃ簡単に説明すると、こんな感じになる。

情報量＝$-\log_2$（発生確率）

急に数式が出てきてパニックになった文系の方も多いと思うが、落ち着いてほしい。高校の「数学Ⅱ」を習ったことがあれば理解できる話だ。以下、数式の解説をしよう。

え？ どうしても数式について考えたくない？ **植物だったらゲノム解析されてるタイプ**かな？（↓p14） まあ、そういう人は「要するに」まで飛ばしていただいても構わない。

〈数式についての解説〉

まずは基本から行こう。$\log_2 x$ というのは、「2を何乗すると x になる？」という意味であった。

したがって、$\log_2 4=2$ であり、$\log_2 8=3$ となる。2は2乗すれば4になり、3乗すれば8になるからだ。

では、$\log_2 \frac{1}{8}$ はどうなるだろう？ 少し難しくなった。**2は何乗しても1/8にはならない**ような気がするからだ。

しかしそうではない。実は2を1/8にする指数が存在する。

$$2^{-3} = \frac{1}{2^3} = \frac{1}{8}$$

指数にマイナスがつくと、逆数になるというのが数学の取り決めである。「なんでそうなるんだっけ？」ということを説明するのは面倒なので、一旦それで納得していただきたい。

ともかくそういうことで、$\log_2 \frac{1}{8} = -3$ となるし、同様に $\log_2 \frac{1}{4} = -2$ だ。

さあ、長々と申し訳なかった。これでシャノンの情報理論の基礎を理解する準備は整った。先ほどの数式を再掲する。

情報量＝$-\log_2$（発生確率）

これを実際に使ってみよう。

たとえば、「僕は男だ」という情報の情報量を考える。人間の男女比はだいたい半分ずつなので、僕が男である確率は $1/2$ である。したがって、

「僕は男だ」の情報量＝$-\log_2(\frac{1}{2})$

となる。あとはさっきのルールに応じて計算すればよい。$\log_2(\frac{1}{2})=-1$である。最後に、右の式ではマイナスがついていることに注意されたい。これを踏まえると、情報量はこうなる。

「僕は男だ」の情報量＝$-\log_2(\frac{1}{2})=1$

ということで、「僕は男だ」という情報の情報量は**1ビット**である。情報量の単位は「ビット」であると思っておいてよい。

え？　厳密にはビットはデータ量の単位であって情報量の単位ではないって？　**論理療法で論駁された方がいい**ね（↓p39）。そんな専門家のあら探しはどうでもいいので、気にしないでおこう。

とにかく、こうやって**情報量を計算できる**というのがシャノンの情報理論の骨子である。

〈「当たり前」の情報量〉

さて、そろそろ結論に向かおう。

たまに、SNSのプロフィール欄に「**美味しいものが好き！**」と書いている人を見かけないだろうか。こういう人をバカにするために、この情報の情報量を計算してみたい。

「美味しいものが好きである確率」は、**1**だ。そもそも僕たちは「美味しいと感じる食べ物」を「好き」と表現しているのであって、言葉の定義からしてこれは確率が１だ。

となると、「美味しいものが好き！」の情報量を計算するとこうなる。

「美味しいものが好き！」の情報量＝$-\log_2 1$

これを計算するためには、**あらゆる数字はゼロ乗すると1になる**ことに注意されたい。

つまり「２はゼロ乗すると１になる」ので、$\log_2 1=0$である。

したがって、

「美味しいものが好き！」の情報量＝$-\log_2 1=0$

となる。確率が1のできごとを説明すると、情報量は**ゼロビット**になるのだ。

〈要するに〉

要するに、「美味しいものが好き！」とか、「皆が幸せになれるといいよね！」とか、**そんなん100％当たり前だろみ**たいなことを言っちゃう人には、「**シャノンの情報理論的には情報量ゼロ**」という悪口が使える。

＼ 使用例 ／

「こないだ店長に怒られて超ムカついて〜！」
「おっ、大変だったね」
「怒られたら嫌な気持ちになるから怒らない方がいいと思う!!」
「おっ、シャノンの情報理論的には情報量ゼロだね!!」

参考文献／今井秀樹『情報理論』（オーム社）／高岡詠子『シャノンの情報理論入門』（講談社）

第4章

娯楽編

【対象】

◇ 低俗な娯楽

◇ コンテンツの違法ダウンロード／アップロードをする人

◇「あのマンガの面白さ分かんないの？センスないね」って言ってくる人

プロールの餌

【対象】

低俗な娯楽

あまりにも魅力的なせいで、何度も引用したくなる本。

物書きならそういう座右の書を持っているものだと思う。僕にとってはジョージ・オーウェル『一九八四年』がそれだ。

脳を揺さぶられるような巧みな設定、丸暗記したくなるような美文、思わず口にしたくなる怪しげな用語の数々……。

まさにSF小説の最高峰と言えるだろう。刊行から70年が経っても全く色あせていない。未読の人はぜひ読んでみるといい。

『一九八四年』の世界はいわゆるディストピアで、独裁者ビッグ・ブラザーの意志によって国家の全てが統制されている。

「独裁者に都合の良いことしか報道されない」「国民の行動は常にカメラで監視されて

いる」なんてのは序の口だ。

それどころか、「国民が不都合なことを考えられなくなる新しい言語」が流通しているし、「事実から目を背けて都合の良いものだけを見る思考法」が国民に浸透している。すごい世界だ。

魅力的な用語もたくさんある。国民が集結して戦争相手を憎悪する日課「**二分間憎悪**」とか、独裁者にとって都合が悪い情報を全て改ざんする「**真理省**」とか、ワクワクする怪しい用語だらけだ。

そんな舞台設定の中で、登場人物たちが実に示唆に富んだやり取りをするのがたまらない。僕が好きなのはこのセリフ。


「セックスをすると、エネルギーを最後まで使い切るわ。その後は幸せな気分になって、すべてがどうでもよくなる。連中はそうした気分にさせたくないの。どんなときでもエネルギーではちきれんばかりの状態にしておきたいわけ。あちこちデモ行進したり、歓呼の声を上げたり、旗を振ったりするのはすべて、腐った性欲の現れそのものよ。心のなかで幸せを感じていたら、〈ビッグ・ブラザー〉とか三カ年計画とか〈二分間憎悪〉とかいった連中のくだらない戯言なんかに興奮したりする

もんですか」

（『一九八四年』Kindle 位置 No.3960–3965）

『一九八四年』の世界では、セックスから快楽を覚えることを禁じられている。あくまで生殖を目的とした行為であるべきだ、とされている。

だけど、それは倫理観から来る貞操観念などではなく、**国民を政治運動に熱狂させるための工夫**なのだ。

独裁者は常に国民に欲求不満を抱えさせておき、エネルギーの行き場をなくしておく。そうすることによって、国民は夢中で相手国を恨んだり、独裁者を信奉したりするようになる。

つまり、**自分が満たされていればどうでもよくなる問題**に熱中させるために、**あえて欲求不満を作り出している**のである。

そして国民は、「**腐った性欲の現れそのもの**」としての政治運動を展開させる、というワケだ。

舞台こそ違えど、この現象は我々にとってもかなり身近なものだと思う。

たとえば、Twitter によくいる**どうでもいいことに延々キレ続けてるオジサン**である。

　こないだ「今日はフォロワーに夕飯を奢ってもらってこんな話をした」とツイートした時のことだ。**「フォロワー〝さん〟と言うべきでは？　何様ですか？」**と訂正してきた人がいた。**お前こそ何様だよ**という話なのだけれど、面白いからその人のアカウントを見に行ってみる。

　すると、**ビッシリ「これはもっと○○するべきでは？」というイチャモンのツイートが並んで**いた。

「うわ〜、この人、何が楽しくて生きてるんだろうなぁ」と思いながらイチャモンリストをスクロールしていくと、突然**「オフパコ希望です」と女性に向けてツイートしまくっている時期**が出現した。**全部無視されていた**。

　どうやらこの人は**周期的にイチャモンツイートとセックスしたいツイートを繰り返す人**らしく、タイムラインは慌ただしく傲慢と色欲を行き来していた。

　この困ったオジサンを見ながら、僕は思った。**「腐った性欲の現れそのもの」**だ、と。満たされない行き場のないエネルギー（性欲）は、どうでもいい問題に熱狂することに使われる。『一九八四年』の世界では「デモ行進」や「歓呼の声を上げる」だったけれど、現代では**「Twitterでクソリプを送りまくる」**になっている。

　ということで、皆さんはSNSでこういう困ったオジサンを見かけたら、**「腐った性**

欲の現れそのもの」と言ってあげるといいだろう。

使用例

「今日はフォロワーに焼き肉を奢ってもらった！」
「そこはフォロワー〝さん〟では？　何様ですか？」
「腐った性欲の現れそのものだ！」

……………。

……**間違えた**。今紹介してるのは「プロールの餌」だった。『一九八四年』の舞台設定を説明したつもりが、勢い余って別のインテリ悪口を紹介してしまった。申し訳ない。本題に戻ろう。

『一九八四年』の世界では、人間は2つに大別される。「党員」と「プロール」である。「党員」はまあ「公務員」と同義だと思っておけばいい。独裁者に忠誠を誓う中流〜上流階級であり、教育レベルは高い。

一方、「プロール」はプロレタリアート（労働者）の略であり、教育レベルは極めて低い。識字率も50％を下回る。

主人公が勤務している「真理省」は独裁者に都合の良い情報を流すための場所だが、同時に**プロール向けの低俗な娯楽**を提供することも職務に加えられていた。

ここでは、スポーツと犯罪と星占いくらいしか掲載していないくず新聞、扇情的な安っぽい立ち読み小説、セックス描写だらけの映画、韻文作成器と呼ばれる特殊な万華鏡を用いたまったく機械的な方法で作られるセンチメンタルな歌などが生み出されていた。

（同前　Kindle 位置 No.1231–1237）

あまりにもボロクソな描写で、何回読んでも笑ってしまう。**著者、低俗な娯楽が嫌いなんだろうな。**

だけど、結構的を射ている気もする。未来予想として、あながちズレていないだろう。たとえば、「**扇情的な安っぽい立ち読み小説**」は現代でも結構たくさんある。**病気になったヒロインがなんやかんやあって死ぬヤツ**。僕は別に嫌いじゃないけど、確かにあのベストセラーはちょっと安っぽかった。買ったけど1時間で読み終わったし、手元に残したいとも思わなかった。メルカリですぐ売った。**君の作品を売りたい**、という感じの本だった。「扇情的な安っぽい立ち読み小説」と言える気がする。

それ以上にすごいのは、「**韻文作成器と呼ばれる特殊な万華鏡を用いたまったく機械的な方法で作られるセンチメンタルな歌**」である。実に的確な未来予測だと思う。

数年前に、歌手の西野カナさんの作詞方法がネットで話題になった。

西野カナさんの作詞は**マーケティングの産物**といった感じで、**めちゃくちゃ大量の書類仕事から生まれる**らしい。ターゲットにする年代の女性にアンケートを取り、**どんな言葉に共感するかをリサーチしまくって作っている**そうだ。

つまり、彼女は韻文作成器こそ使っていないものの、「**まったく機械的な方法で作られるセンチメンタルな歌**」を歌っているのである。これを予見していた著者には舌を巻くばかりである。

西野カナさんに限らない。従来は「**作家性のたまもの**」だと考えられてきた芸術作品が、昨今はどんどん「**マーケティングの産物**」に変化している。

ネット社会では、小説も音楽も映像も、「どんなものがウケるか」の調査から作られるケースが多い。ひとえに、インターネットによってあらゆるデータが可視化されたからだ。インターネットこそが、「**韻文作成器と呼ばれる特殊な万華鏡**」である。

『一九八四年』が書かれた頃、インターネットはなかった。だけど著者はその慧眼《けいがん》によって、この巨大な万華鏡が出現することを見抜いていたのだ。

さて、そんな低俗な娯楽、労働者向けの娯楽のことを、作中に登場する言語では「**プロールの餌（prolefeed）**」と呼ぶ。

だから、「どうしようもない低俗な娯楽だなぁ」と思った時は、「プロールの餌だ」と言うといいだろう。響きが強烈すぎる時は横文字の方を採用して「プロレフィードだ」でもいい。お好きに使ってほしい。

また、記憶力に自信がある人は「**韻文作成器と呼ばれる特殊な万華鏡を用いたまったく機械的な方法で作られるセンチメンタルな歌**」を使ってもいいと思う。西野カナファンにどうしてもケンカを売りたい人はぜひ憶えていただきたい。

＼使用例／

「この映画、超泣けるらしいよ。夢を追いかけることの良さを思い出せるんだって」

「あ、オレ見たよ」

「そうなんだ！　どうだった？」

「うーん、**プロールの餌っ**て感じ！」

参考文献／ジョージ・オーウェル『一九八四年』（高橋和久訳・ハヤカワepi文庫）／スポニチアネックス『西野カナ、作詞の極意は「アンケート」　自身の恋愛観よりみんなの意見』（https://www.sponichi.co.jp/entertainment/news/2014/11/25/kiji/K20141125009349180.html　2021年6月11日）

mp3が定着したのは君のお陰だよ

【対象】
コンテンツの違法ダウンロード／アップロードをする人

「音楽ファイルの拡張子といえば？」と聞かれれば、たいていの人は「mp3」と答えるだろう。あるいは、「拡張子って何？」と答える人もいるかもしれない。**植物だったらゲノム解析されてるような人**（↓p14）だ。

mp3という拡張子を知っている人はあまりにも多いが、その出自を知っている人はあまりにも少ない。mp3規格が受け入れられるまでには熱いドラマがあったのだ。

簡単に説明すると、こんなドラマである。

1. とある技術者が死ぬ気でmp3規格を作った。
2. しかし、大人の事情で採択されなかった。
3. 技術者は絶望した。
4. **泥棒たちのお陰**でmp3が復活した。
5. mp3が世界中で覇権を握った。

どうだろう。すごいと思わないだろうか。mp3は**泥棒のお陰で広まった規格**なのである。

以下、詳しく見ていこう。

そもそもmp3とはなんなのか。めちゃくちゃ雑に説明すると、「音声をほとんど劣化させずに小さいデータ容量に圧縮する技術」である。**情報圧縮**の技術だ。

情報圧縮とはなんなのか、ピンとこない人のために簡単な例を出そう。

①**「中国原産のクマのような動物。身体のパーツが白と黒に分かれているのがかわいい。動物園で人気。竹を食べる」**

と説明すれば、何のことなのかは分かるだろう。しかしだいぶ文字数が必要になる。これを圧縮するとこうなる。

②「パンダ」

そう、あなたはおそらくパンダのことを知っているので、①のような説明は必要ない。「パンダ」と言えばそれで事足りる。**①の情報をたった3文字で伝えられる**のだ。

このように、「伝える相手の特徴に応じて必要な情報だけを伝えよう」というのが情報圧縮の本質である。パンダを知らない人には①の説明が必要になるけれど、パンダを知ってる人には「パンダ」とだけ言えばいい。

mp3もまったく同じで、「人間の耳に同じように聞こえればそれでいい」という思想のもと、余計な情報を削ぎ落として圧縮しているのである。以上、小学生でも分かる情報圧縮の仕組みでした。

さて、これだけ聞くと簡単そうに聞こえるが、実際にmp3を作るのは非常に複雑な研究と試行錯誤が必要になる。「人間の音の聞こえ方」を徹底的に調べ、更にそれに合わせてあらゆる音声を圧縮する方法を見つけなければならないのだ。

mp3の開発にかかった時間は**およそ10年**である。圧倒的な頭脳と熱意を持つエンジニアたちが10年も心血を注いでやっと作られたのがmp3という規格だった。当時、文句なしに世界で一番優れた規格だったはずだ。

しかし、大人の世界では**優れたものが勝つとは限らない**。優秀なヤツよりも上司に気に入られたヤツの方が出世するのは世の常である。規格の世界も同様だった。**mp3は政治で負けた**。審査員への根回しなどが足りず、選ばれなかったのだ。

結局、主だった音声規格は軒並みライバルのmp2という規格が採用され、mp3が使われることはほとんどなかった。

状況が劇的に変わったのは、**不正アップロードが流行ってから**である。

CDを高音質のまま圧縮できるmp3ファイルは非常に便利で、90年代のインターネットオタクたちが好んで利用し始めた。インターネットの素晴らしさは今も昔も「平等さ」だ。エラい人に気に入られているかどうかは全く関係ない。良いか悪いかだけが問題になる。mp3は良かった。だから使われた。シンプルな世界だ。

より手軽に高音質なものを求めたユーザーたちは、自然にmp3ファイルを不正アップロードするようになった。インターネットに大量のmp3ファイルが出回り始めたのだ。

更に面白いのは、当時、**「不正アップロードはクール」**というイメージがあったことだ。

１９９６年を思い返してほしい。当時はまだスマホはおろか、ほとんどの家にパソコンもなかった。せいぜい「これからはパソコンの時代が来る」と囁かれていたくらいで、ほとんどの人はこのまったく新しいテクノロジーを使いこなせずにいた。**「何十万円も出してパソコンを買ったけど、結局ただの置き物になった」**という笑い話が巷《ちまた》に溢れていた頃だ。

つまり、当時のインターネットは完全にアンダーグラウンドだった。怪しげなごく少数の人間だけがアクセスする場所だ。

それだけじゃない。インターネットで不正アップロードコンテンツを共有する仲間たちはグループを作って、組織的に動き始めた。「誰か、〇〇のCDを入手できるヤツはいるか？　皆で共有しようぜ」という風に。そういう意味では**怪しげな会員制クラブハウス**に似ていたし、ちょっとした**秘密結社**のようなものだった。

そういうところに出入りして、仲間たちで悪事を働くのは得も言われぬ魅力がある。子どもの頃に「秘密結社」に憧れたことがある人は多いだろう。**アングラ文化はクール**なのである。

現代では、インターネットはまったくアングラではなくなった。アングラどころか、**現代人が生きるための必須インフラ**である。たいていの人はインターネットがなければ数時間で発狂するだろう。

したがって、不正アップロードは単なる**当たり前のセコい悪事**に変わった。現代の我々と、90年代のインターネットの住人だと価値観がまったく違ったのである。

当時、不正アップロードは間違いなくクールだった。インターネットという魔法みたいなツールを使って、発売直後のＣＤに入っている音楽を、１円も出さずに入手できる。だけど、彼らはその程度じゃ満足しない。もっとクールなものを。もっと魔法のような体験を。そう考えた。

そして、**発売前のコンテンツをアップロードする**ことに夢中になり始めた。しかも、誰よりも早くアップロードすることに価値があった。チームは競って発売前のコンテンツを入手しようと躍起になり、「このアルバムはなんとしてもオレたちが一番最初にアップするんだ！」と戦っていた。そして実際、**発売前の様々なコンテンツが大量にアップされていた。**

なぜそんなことが可能なのか？　答えは１つしかない。**泥棒**である。

たとえば、ＣＤ工場で働いていたとある従業員は、毎日のようにＣＤを盗んでいた。

ベルトにCDを挟んでこっそり持ち出していたのだ。

ＣＤに限らず、映画やゲームやポルノや、あらゆるコンテンツが発売前にアップされた。高度に組織化された秘密結社は次々に新しいコンテンツをインターネットに流出させていった。不正アップロードされたコンテンツに皆が夢中になるのは、当たり前だと言えた。

彼らが使い続けていた音楽の拡張子は？　言うまでもない、**mp3**である。90年代の終わりには、もはやmp3は世界最強の規格になっていた。規格戦争に負けて、一度は終わりかと思われたmp3は息を吹き返した。それどころか、インターネットを牛耳った。１９９９年、インターネットで最も検索された単語は「セックス」を抜いた「mp3」だった。

……以上、mp3の歴史を駆け足で見てきた。

mp3という優れた規格が広がったのはアングラ世界で不正にアップロードを繰り返していた人たちのお陰だし、何なら**CD泥棒のお陰**なのである。

そういうワケで、皆さんの身の回りで不正アップロードされたコンテンツを楽しんでいる人がいたら、「mp3が定着したのは君のお陰だよ」と声をかけてあげてほしい。

なんとなく褒めてるような雰囲気を出しつつ、「**このCD泥棒が！**」という含意を込めることができる。

そして、言っているあなた自身も「一筋縄ではいかない技術史の世界」に思いを馳せる機会になる。いわばWin-Win悪口である。ぜひご活用いただきたい。

＼使用例／

「このMusic FMっていうアプリ、めっちゃすごいんだよ！　無料で音楽聴き放題なの！」

「mp3が定着したのは君のお陰だよ！」

参考文献／スティーヴン・ウィット『誰が音楽をタダにした？』（関美和訳・早川書房）

先決問題要求の虚偽

【対象】

「あのマンガの面白さ分かんないの？　センスないね」って言ってくる人

「先決問題要求の虚偽」は、論理学における**詭弁**《きべん》の一種。

証明されてない勝手な前提をおいて進められる論証のことである。

例を見てもらった方が早いので、まず例を見てもらおう。

全ての生物を作ったのは神なのに、進化論はその事実を否定する。よって、進化論は間違っている。

この論証（進化論を否定する人が使う典型的な論証だ）は、「先決問題要求の虚偽」を犯している。

「全ての生物を作ったのは神」という前提が疑わしいのに、それを**既に証明された前提**として扱っている。

「あのマンガの面白さ分かんないの？　センスないね」的な発言は、まさにこれと同じ形に直せることに気づくだろう。

あのマンガは面白いのに、お前はあのマンガの面白さを否定する。よって、お前はセンスがない。

「あのマンガは面白い」という前提を既に証明されたものとしているので、これは立派な詭弁である。

ということで、これを言われた時には「え？　**それは先決問題要求の虚偽だよ**。君こそ**論理学のセンスなくない？**」などと言い返すといいだろう。

もっとムカついた時には「その論証は進化論を信じてないヤツがやる典型的な論証なんだけど、**え？　もしかして進化論信じてないの？**」などと付け足すとより良いかもしれない。

＼使用例／

「『シバトラ』っていうマンガ知ってる？」

「ああ、読んだことあるよ。3巻くらいまで」

「お、そうなんだ！　あのマンガ面白いよね！」

「……う～ん、まあ、僕はあんまりだったかな」

「えっ、あの面白さ分かんないの？　センスなくない？」


「それは先決問題要求の虚偽だよ。え？　もしかして進化論信じてないの？」

参考文献／香西秀信『論より詭弁～反論理的思考のすすめ～』（光文社新書）

第5章

恋愛編

【対象】

◇ 金遣いが荒い人

◇ 割り勘が細かい人

◇ 見当違いのプレゼントをあげちゃう人

◇ 倦怠期に冷たくなる恋人

◇ 浮気をする男性

◇ 「あの人は運命の人だ！」とすぐ言い出しちゃう恋愛慣れしてないオタク

君主として失格だし、アテナイ市民としても失格

【対象】

金遣いが荒い人

マキャヴェリ『君主論』といえば、500年前に書かれた帝王学の大古典である。ヨーロッパで500年前に書かれたものと言われると、「現代日本ではまったく使えなさそうだな」という感じがするのだが、実際にはそうでもない。

「あっ、現代日本でもこれ完全に一緒だ！」と思える部分がたくさんある。

たとえば、第12章だ。「軍隊にはどれだけの種類があるか、また傭兵隊について」というタイトルの章なのだが、たいへん面白い。

この章のテーマは、「**傭兵は役に立たない**」ということである。

傭兵（金で雇われた兵士）を使ってはならない、とマキャヴェリは繰り返し主張する。

その論旨はこんな感じ。

①傭兵は金が欲しいので、普段は「あなたに命を捧げます！」というフリをする。
②しかし実際には、彼らは金で雇われているだけであり、その国に対する思い入れが何もない。
③したがって、いざ「この戦はヤバいぞ！」みたいな戦いが始まると、一目散に逃げ出す。

これ、現代でも似たような現象をよく見るんじゃないだろうか。

そう、これはまさに**労働人材の確保と同じ**なのだ。

お金で雇われているだけの人材は、「この会社ヤバいんじゃね？」と判断すると一目散にいなくなる。こういう事例は枚挙にいとまがない。

僕の友人のシェアハウス経営者は、大きめの訴訟を起こされてしんどいトラブルになった時に、いきなり従業員に逃げ出された。しかも、**「一緒に夢を叶えましょう！」**と

豪語していた従業員が金庫の金を持ち逃げしたというのだから救いようがない。泣きっ面に蜂とはこのことである。死にそうな顔をしている友人は本当に気の毒だったが、僕は笑いをこらえるのに必死だった。あまりにも悲惨な人を見ると同情を通り越して笑ってしまうのだと学んだ一件である。

この持ち逃げ事件はまさに『君主論』で指摘されているものだ。従業員はお金が欲しいから「一緒に夢を叶えましょう！」というフリをしているが、いざ「この会社ヤバいんじゃね？」という空気が出ると一目散に逃げ出す。**単に逃げ出すだけではなく金を持ち逃げする場合もある**。この世は地獄だ。

『君主論』を読むまで、僕は新卒を採用するメリットがよく分からなかったのだが、読んで初めて腹落ちした。新卒で採って何十年も働かせ続けることで、社員は会社への帰属意識を持ち始め、本当の「**兵士**」になるのである。流動的な人材市場から採ってきた人材はあくまで「傭兵」でしかない。

昨今は批判されることの多い日本の新卒一括採用制度だが、マキャヴェリの教えには忠実に従っているような気がする。マキャヴェリも草葉の陰から「日本の大企業、やるやんけ」と思っているかもしれない。

さて、そんな現代にもマッチしている『君主論』だが、僕が一番好きなのは第16章

「気前の良さと吝嗇《りんしょく》について」である。

この章の内容をざっくり言うと、「**君主はケチじゃないとダメ**」である。

一般に、「気前の良い人」という称号は良いことのような気がするし、君主は気前良く振る舞った方が好ましい気がする。だが、マキャヴェリはこれを否定する。その論旨はこんな感じ。

①「気前の良い人」と思われようとすると、キリがない。
②たとえば、１回派手なパーティをやった後に、次回のパーティを地味にすると「あれ？　なんか今回セコくない？」と思われる。
③だから、気前の良い人になろうとすると毎回派手なパーティをしないといけない。
④そうなると、お金がなくなってしまうので、民に重税を課すしかなくなる。
⑤重税を取られると、民はブチギレ。国が傾く。

つまりマキャヴェリが言いたいことは、「気前が良いと思われるに越したことはないが、**それはリスクが大きすぎる**」と言っているのである。国が滅びるリスクを犯してまでやるべきではない、と。

ということで、マキャヴェリはこう結論づける。

賢明であるなら、どけちという評判を気にかけてはならない。

(『君主論』Kindle 位置 No.1357–1358)

「**どけちという評判を気にかけてはならない**」らしい。君主もなかなか大変だ。「**リッチの王様、どけちなんだよな〜**」と言われながら暮らさないといけないのだ。

ところで、世の中には「どけちという評判」を嫌う人がいる。

典型的なのは、「女性のためにガンガンお金を使う男性」だ。無理なくやっている分にはいいが、見栄を張って度量を超えた使い方をする人もよく見る。

僕の友人で割と高収入の男性がいるのだが、彼は「恋人の喜ぶ顔が見たいから」という理由で、海外旅行で1泊20万円くらいする部屋に泊まるようなことをよくやっていた。プライベートプール付きの超豪華な宿だ。

恋人の方はさぞ喜んでいるのかと思いきや、「あいつ金遣い荒すぎて高収入なのに貯金ゼロなのヤバくない？　別れようかな」と言っていた。**涙が出そうになった。**人間の思いというのは伝わらないものである。

「ガンガン金を使って見栄を張るぞ！」というのは僕にはちょっと理解しがたい概念なのだが、きっと彼らは彼らなりの価値観で戦っているのだと思う。それは否定されるべきことではない。

だけど、マキャヴェリが正しいとすれば、**少なくとも君主には向いてない**。

え？　それは**先決問題要求の虚偽じゃないか**って？（↓P163）うるさいな。**ボキャブラリーをスタックで管理してるのかよ**（↓P103）。

とにかく、僕は金遣いが荒い人を見る度に「君主に向いてないなぁ」と思うようになった。

そういえば、「**ペリクレス戦略**」の項（↓P24）でも取り上げた、伝説の名君ペリクレスも演説で同じようなことを言っていた。

我々は美しきを求めて贅に走らず、智を愛すれど優弱に堕しない。

（『歴史（上）』Kindle 位置 No.2277–2278）

ここで言う「我々」とは、アテナイ市民のことである。ペリクレスは民衆の前での演説において、「**アテナイ市民は贅沢《ぜいたく》に溺《おぼ》れない**」「**アテナイ市民は富を誇示するようなこ**

とはしない」と言っている。

このペリクレスの演説は全体的に**アテナイ市民を美化しすぎな感じ**もするのだが、ペリクレスの言うことを信じるとするなら、**見栄を張って1泊20万円のホテルを取っているような人はアテナイ市民失格**ということになる。

金遣いが荒いと、色々なものに失格の烙印《らくいん》を押されるのだ。君主失格なだけでなく、アテナイ市民としても失格だ。

ということで、皆さんは今後、「こいつ金遣い荒いなぁ」という人をバカにしたいときは、「君主として失格だし、アテナイ市民としても失格」を使ってほしい。

＼使用例／

「彼女に財布を出させたことがないのが自慢なんだよね。借金しても奢ることにしてる」

「**おっ、気前が良いね！　君主として失格だし、アテナイ市民としても失格だ！**」

参考文献／マキャヴェッリ『君主論』（森川辰文訳・光文社古典新訳文庫）／トゥキュディデス『歴史（上）』（小西晴雄訳・ちくま学芸文庫）

まるでギムワリをやっているようだ

【対象】

割り勘が細かい人

「彼氏とご飯食べたら、10円単位までキッチリ割り勘だった」

あまりにも使い古された、イラッとするエピソードだと思う。

しかし、残念ながら現状、これを揶揄するクリティカルな一言が存在していない。「セコい」とか「細かい」とか「小銭収集男」とか「カネゴン」とか、そういう安直な悪口しかない。

僕も長年、見つけられないでいた。「ケチ」をインテリ悪口に言い換えることならいくらでもできそうだが、「割り勘が細かい」という超限定されたシチュエーションにピッタリくるものは思いつかなかった。

しかたないので、長年「**シェイクスピアと同じ物を食べそう**」などで代用していた（※シェイクスピアはケチだったので、**腐ったニシンを食べて死んだ**とされている）。これでは、「ケチ」を言い換えることしかできていない。

そんな折、文化人類学の古典的名著である『贈与論』を読んでいたら、思いがけず「これだ！」というものに出会った。インテリ悪口との出会いは、何気ない日常の中にあるのだ。

それこそが、「まるでギムワリをやっているようだ」である。

トロブリアンド諸島の住民は、「クラ（kula）」という伝統的な儀式を行なう。「クラ」はどうやら「環」という意味があるらしい。

ざっくり言うと、「**首飾りを島から島へ渡し続けて、グルグル回していく**」みたいな儀式だ。

現代日本にいる我々からすると「**なんでそんなことするんだ**」という感じなのだけれど、人間がよそ者と関係を築くためには、こういう一見無意味な儀式をこなすことが必要なのだろう。

現代日本でも、田舎に行くと「毎月の寄合《よりあい》」という概念がある。僕は以前、山奥の限界集落に移住したことがあるのだが、寄合への出席を頻繁に求められた。

寄合で話すことは僕とは無関係な内容が多く、正直「出席する必要あるこれ？」と思ったものだが、どうも「よそ者は出席して認められることに意味がある」ようだった。トロブリアンド諸島と同じだ。一見無意味な儀礼をこなすことに意味がある。

また、印象的だったのは、寄合の中で「お茶が入ったヤカンがグルグル回っていた」ことだ。各人が自分の湯呑みにお茶を注《つ》いで、次の人に回していた。今になって思えばあれは「**クラ（環）**」だったのかもしれない。僕も知らずしらずの内にトロブリアンド諸島的な行事に参加していたのだ。

……ということで、他者との関係を築くための儀礼的な行事としてクラは存在するようなのだが、当然ながら、儀礼ではない**マジの交易**も存在する。

そっちは我々もイメージしやすい。多分こんな感じのやり取りだ。

A島の住民「うちの島で作った黒曜石のナイフをあげるから、何かくれ」
B島の住民「お、じゃあこの木彫りの人形をあげるよ」
A島の住民「え～、それじゃ価値が釣り合わないよ。もっと良いものをくれよ」
B島の住民「そうか。じゃあ、これならどう？　クジラの骨で作ったスプーン」

A島の住民「いいね!!　それで行こう！　交換成立ね！」

このように、バシバシ交渉しながら「物々交換」が行なわれる。この物々交換のことを「**ギムワリ**」と呼ぶ。

ギムワリは、儀礼的なクラとは大違いだ。何しろ目的は実利なので、皆どんどん交渉するし、値切りまくる。

さて、この**ギムワリのノリ**を、うっかりクラの時に持ち込んでしまうと大変なことになる。

たとえば、クラの中で、主目的の首飾り以外にも、おまけのような贈り物を贈る場合があるのだが、これに対して「え〜、もっと良いものくれよ」みたいなことを言ってはならない。クラは高尚な儀式なので、そんな意地汚い態度は似つかわしくないのだ。

うっかりこんな態度を取ってしまった人は、意地汚い人認定されてしまい、「**まるでギムワリをやっているようだ**」と言われてしまうらしい。

クラに必要な鷹揚《おうよう》な態度で振舞わない者は「まるでギムワリをやっているようだ」と非難される。
（『贈与論』Kindle 位置 No.850）

これ、まさに**10円単位で割り勘を要求された時にピッタリのインテリ悪口**だと思わないだろうか。

「本来は鷹揚な態度で振る舞うべき場面で、セコい行動を取ってしまう人」に対して使われる言葉なので、完璧にハマっている。日々インテリ悪口を収集して暮らしている僕も、ここまでピッタリハマるものを見つけられることは少ない。

『贈与論』を読んでいて、稲妻が走ったようだった。シチュエーションに完璧に合致しているパーフェクト・インテリ悪口なので、皆さんもぜひガンガン使ってほしい。

村上春樹は「完璧な文章などといったものは存在しない。完璧な絶望が存在しないようにね」と書いたが、**完璧なインテリ悪口は存在する**のである。

＼使用例／

「えっと、会計が7160円だったから……3580円ちょうだい」

「細かいね。まるでギムワリをやっているようだね」

参考文献／マルセル・モース『贈与論』（吉田禎吾・江川純一訳・ちくま学芸文庫）／村上春樹『風の歌を聴け』（講談社文庫）

1年分のシナモンを全部燃やす皇帝かよ

【対象】

見当違いのプレゼントをあげちゃう人

「**彼氏からもらった誕生日プレゼントが地図帳だった**んだけど。意味分からなくない？」

久しぶりに会った友人女性がそんな愚痴を言っていた。

一般に、愚痴は聞いていても面白くないものだが、「**彼氏からもらったプレゼントが地図帳だった**」という愚痴はめちゃくちゃ面白い。僕は大笑いして根掘り葉掘り聞いてしまった。

どうも、その彼氏はずいぶんイケてない男性ながら、彼女とは「旅行が好き」という接点で交際が始まったらしい。

きっと、彼なりに色々と考えたのだろう。「僕らの共通点は旅行だから、旅行に関係あるものがいいな」と思ったのだろう。そこまではすごく正しいと思う。しかし彼はなぜかそこから**地図帳**にたどり着いてしまった。なんでだよ……。もっと無難なもの絶対あるだろ……。**旅行用のバッグ**とかでええやん……。地図帳って……。久しぶりに聞いたわ……。**中学の社会の授業以来**だわ……。

しかしまあ、「恋は盲目」という言葉もある。彼も多分いっぱい考えた結果ワケ分かんなくなって**なぜか地図帳をあげちゃった**のだと思う。大いに同情するばかりだ。

こういう失敗体験は多分、誰にでもある。

え？　お前はどうなんだって？　そういうデリカシーのない質問はやめてほしい。**学生時代に好きな女性にアランの『幸福論』をプレゼントしたキモい思い出**を蘇らせないでほしい。**地図帳よりキモい**んだから。

さて、地図帳とかアランとか、シンプルにプレゼントが変（キモい）というケースもよくあるが、それ以上に多いのは、**張り切りすぎ**というケースだ。

女性の話を聞いていると、「付き合ってもいないのに高いアクセサリーをもらって困った」みたいなエピソードはよく出てくる。「単なる同僚なのに指輪をもらって困った」

と言っている人もいた。ネックレスとかでもキモいのに、**指輪なんかをもらった日にゃあ相当キモい**だろう。

極論を言えば、**プレゼントをするということは、リスクを抱えることと**だ。

相手の心を読むことはできないので、ミスマッチはいつだって起こりうる。「完全リクエスト制」にすればそのリスクはなくなるけれど、それだとサプライズ的な面白さが消滅してしまう。人生はいつだって難しいものだ。

「失敗プレゼント」は避けがたいリスクだし、そういう失敗はやたらとキモがったりしないで、爽やかにインテリ悪口でバカにして笑い飛ばしてやろう。

ここまでで見たように、失敗プレゼントのパターンは「プレゼント自体が変」なのか「張り切りすぎ」かの2つに大別できる。

そして、**この2つをどちらもバカにできる2wayインテリ悪口**がある。それが「1年分のシナモンを全部燃やす皇帝かよ」である。

これはローマ皇帝「ネロ」の話である。

漠然と世界史で習った記憶がある人も多いだろう。枕詞に「暴君」とつけられることが多い。「**暴君ネロ**」である。言うまでもなく、「暴君ハバネロ」というお菓子の元ネタだ。

ネロが実際に何をしたかとかが気になる人はマトモな古代ローマ史の本でも読んでもらいたいので、割愛する。ここでは**ネロに関する伝説**を1つ紹介したい。ホントかどうかはかなり眉唾《まゆつば》だが、色んな本に出てくる。逸話として面白いからだと思う。

それが、「最愛の妻ポッパエアの火葬のために**ローマ中のシナモンをかき集めて燃やした**」というものだ。

燃やされたシナモンの量はなんと、**ローマ全体で1年間に消費される量**と同等だったらしい。信じがたい話である。**もったいない**。

当時のシナモンはかなり高級品だったので、これがネロなりの愛の証だった、とされている。「たっっっけえシナモンをたっっっっっくさん集めてきて燃やしたったわ！これがオレの愛だ！」ってことだろうか。

僕がポッパエアだったら、**全然嬉しくない**。シナモンが効いた香ばしいアップルパイは確かに美味いが、自分の火葬の時には使わないでほしい。**自分の遺体が燃やされる時には香ばしくない方がいい**。

葬式に出席した友だちに「**なんかこいつの葬式アップルパイみたいな匂いすんな。美味そう**」って思われたら嫌だ。葬式中にみんな「腹減ったからアップルパイでも食べに行く？」とか言い出しちゃうじゃん。もっとしんみりしてくれよ。

多分ポッパエアも嫌だったと思う。死んだ後、焼かれながら「**わしゃアップルパイか!!**」とツッコんだと思う。ありがた迷惑とはこのことだ。

ということで、ネロのシナモン1年分燃やしちゃう計画は、「プレゼントとして変」だし、「張り切りすぎ」という2点の失敗要因を完璧に満たしている。失敗プレゼントの究極形と言っていいだろう。

次に見当違いのプレゼントをもらった時は、ぜひとも「1年分のシナモンを全部燃やす皇帝かよ」と小バカにしてあげよう。キモい相手も、「暴君ネロに比べるとマシかな……」と思えるかもしれない。ご活用ください。

＼使用例／

「結婚記念日だからさ、これ、プレゼント」

「やった！　ありがとう……何これ？」

「『教養《インテリ》悪口本』っていう本だよ」

「1年分のシナモンを全部燃やす皇帝かよ」

参考文献／『日本大百科全書（ニッポニカ）』「シナモン」（小学館）／ヤマザキマリ［他］『プリニウス』（新潮社）

弥子瑕に対する霊公じゃないんだから

【対象】

倦怠期に冷たくなる恋人

このインテリ悪口は、中国古典『韓非子《かんびし》』を土台にしている。僕は『韓非子』が割と好きだ。

中国の古典というと、**なんとなく説教臭いイメージがある**と思うが、それは孔子の『論語』など、儒家思想のイメージである。たしかに儒家思想は説教臭い。大体の問題を**〝徳〟とか〝愛〟とかで解決しようとする**が、正直言って「**しゃらくせえキレイゴトだな**」という感じがする。来世はもう少し素直な人間に生まれたい。

一方、法家思想である『韓非子』はかなり現実的な教えが多くて、読んでみると結構面白い。「**部下はとにかく王の機嫌を損ねないことが一番大事**」みたいなことが普通に書いてある。

一事が万事そんな調子で、キレイゴトの優先順位は極めて低い。「**王が私的な欲望に駆り立てられている時も、それが正義だと励ましてやれ**（説難篇《ぜいなん》）」とか書いてある。実際に正義かどうかはどうでもいいのである。君主の機嫌を損ねるとすぐに殺されてしまう古代において、最も現実的な処世術であると言えよう。

さて、そんなリアリスティックな『韓非子』には「世知辛《せちがら》いなぁ……」と思わされるエピソードがいっぱい出てくる。

「王はしょっちゅう妻子に殺されるので、**妻子を信用してはいけない**（備内篇《びない》）」とか当たり前のように書いてある。めちゃくちゃ世知辛い。

ちなみに、この続きは「かといって、**部下とかはもっと信用できない**。王は信用できる人間など1人もいない」みたいな話だった。**世知辛すぎて、読んだ時は思わず大笑いしてしまった**。王、大変すぎる。

世知辛いエピソードの塊である『韓非子』だが、僕が特にお気に入りなのは、「弥子《びし》瑕《か》と霊公」（説難篇）の話だ。

弥子瑕は美少年で、霊公は王様である。霊公は弥子瑕を寵愛していた。（古代に疎い人のために一応言っておくが、**「寵愛」と書いて「ゲイセックス」と読む**。当時の文献で王様

と美少年がセットで出てくる意味は1つしかない）

さて、弥子瑕はある日、「お母さんが病気です！」という連絡を受け取った。母親を心配した弥子瑕は、「早くお母さんのところに行かないと！」と思い、**霊公の馬車を使って出かけた。「霊公の命令なんですよ～」というウソをついて。**

言うまでもなく、王様の命令をでっち上げるのは重罪である。どのくらい重罪かというと、**足を切られるくらい**である。

そんな重罪が後から発覚したのだが、霊公は弥子瑕を処罰するどころか、褒めた。

「母親思いでエラいヤツだなぁ～～！」と。

霊公は弥子瑕を大変に気に入っていて、「こいつ、何をやってもかわいいなぁ♡」という**脳内お花畑モード**に入っていたようだ。古代だろうが王様だろうが、恋をしている時の心情は僕らと同じなのだと思う。

後日、2人は果樹園に出かけた。弥子瑕は桃を1個収穫し、半分食べて、「めっちゃ美味しい！　半分あげるね♡」と霊公にあげて、霊公も「わーい♡　半分くれるなんて優しいね♡　ありがと♡」と残り半分の桃を喜んで食べた。**超イチャイチャ果樹園デート**である。

……とまあこんな調子で、脳内お花畑モードの時は良かったのだけれど、残念ながらこのモードは必ず終わりが訪れる。皆さんもそんな経験をお持ちだろうし、霊公も例外ではない。

数年が経ち、弥子瑕の美しさは衰えてきた。それに伴って霊公の脳内お花畑は消滅し、正常モードに戻る。

そんな折、弥子瑕がちょっとしたミスをした。そしてここで、取るに足らないようなミスなのに、霊公は突然彼を厳しく叱責《しっせき》し始めたのである。

「お前、ホントしょうもないヤツだよな〜〜〜!!　昔からお前はしょうもないんだよ!!　**ウソついてオレの馬車に乗ったりする**し、**食いかけの桃をオレに食わせる**し、マジ無礼なヤツで最悪!!」

涙が出るほど世知辛い話だが、多分誰でも似たようなことを経験しているのではないだろうか。

「坊主憎けりゃ袈裟《けさ》まで憎い」とはよく言ったもので、その人を好きな時は何をやっていてもかわいく見えるし、嫌いな時は何をやっていても憎らしく見える。人間の評価はいつだって、悲しいほどに流動的だ。

絶賛イチャイチャモードの時は「桃半分くれるの？　優しいね♡」だったものが、気持ちが冷めた時には「王に食いかけの桃を食わせるってヤバくね？」に変わる。人生はそういう悲しみに満ちあふれている。

倦怠期のカップルなどに、こういうことはよくあると思う。僕も昔付き合っていた女性に「**創作に一生懸命なところが好き**」と言われていたのに、その1年後には「**あなたは創作のことばかり考えているから嫌い**」と言われたことが……ちょっと悲しすぎるのでこの話をするのはやっぱりやめておく。

ともかく、こういうありがちな倦怠期の変わり身に遭遇した時は、ぜひ使ってほしいインテリ悪口だ。「弥子瑕に対する霊公かよ!」と叫んでやりきれない気持ちを解消しつつ、「まあ人生、世知辛いもんだよな……」と諦観《ていかん》に達するといいだろう。ご活用ください。

＼使用例／

「あなたって昔からそういうところあるよね⁉　すぐカッコつけて分不相応なことして‼」

「お前もそれを喜んでくれてただろ⁉」

「そんなことない‼　実は昔から嫌だったの‼」


「弥子瑕に対する霊公かよ!!!」

第５章　恋愛編

弥子瑕に対する霊公じゃないんだから

参考文献／金谷治『韓非子』（岩波文庫）／西川靖二『韓非子　ビギナーズ・クラシックス　中国の古典』（角川ソフィア文庫）

マダラヒタキのオスじゃん

【対象】

浮気をする男性

シャーデンフロイデ（Schadenfreude）というドイツ語がある。

「他人の不幸を見た時に感じる喜び」みたいな意味の言葉である。**そんなものを1単語で表せる表現が発達したってことは、ドイツ人の性格はよほど悪いのではないか？**という気もするのだけれど、怒られそうなのでノーコメントにしておこう。

ドイツ人の性格が悪いかどうかはともかくとして、日本にも「他人の不幸は蜜の味」なんて言葉があるし、中国にも同じ意味の「幸災樂禍」という四字熟語がある。人間の感情なんて大体どこの国でも同じなのだ。

そのことを特に強く実感するためには、インターネットを見てみるといい。不幸なコンテンツほどバズっている。以前、某ニュースサイトの記事ランキングが「1位：タワマンから転落したエリート妻」「2位：新型感染症の影響で失職し、貧困にあえぐ男性」「3位：AV出演が子どもにバレてしまったお母さん」というラインナップだったのを目撃した時、ニュースサイトっていうか**シャーデンフロイデサイト**じゃん、と思ったものである。

インターネットを動かしている大きな原動力の1つがシャーデンフロイデであることは疑う余地もなく、今日も明日も地獄のような不幸コンテンツが生み出され、拡散されていく。

「Twitterでよく見かける不幸コンテンツが、「**クソ旦那エピソード**」である。「自分は家事をまったく手伝わないくせに私の料理に文句をつけてくる」とか「育児はお前の仕事だと全てを丸投げされている。共働きなのに」とか、毎日のようにクソ旦那エピソードが流れてきて、**世の中に幸せな夫婦は存在しないのではないか**という気分になる。インターネットは精神に良くない。

そんなクソ旦那エピソードの中でも屈指の勢いで拡散されるのが、「**私が妊娠して入院してる間に旦那がめっちゃ浮気してた**」である。これは不幸話&怒りを呼ぶ話としての破壊力が凄まじいので、猛烈な速度で拡散される傾向にある。

この手のツイートに対しては怒りの声が集まってきて、リプライ欄は怨嗟《えんさ》が渦巻く地獄になる。「信じられない!! **これだから男はダメ! 全員去勢すべき!!**」という**過激派**なども いっぱい出現する。

しかしまあ、皆似たような怒りをぶちまけているだけで、ウィットに富んだことを言ってる人は1人もいない。せっかく頻繁に流れてくるツイートなのだから、知的な視点でオシャレなコメントを残したいものである。

そういうワケで、オススメなのが「マダラヒタキのオスじゃん」である。

「マダラヒタキ」は、スズメに似た鳥である。ポテっとしていてかわいい。ぜひ画像検索してほしい。

かわいい鳥なのだが、エグくて興味深いところがある。**浮気のしかたが人間とまったく同じ**なのだ。

マダラヒタキは、婚姻らしきことをする。1組のメスとオスがカップルになり、巣穴を見つけて縄張りを構え、そこで交尾をするのだ。**結婚を機にマイホームを買う新婚夫婦とまったく同じ行動**である。

問題はここからだ。メスが産卵して卵を温めるのに忙しくなると、オスは浮気をしにいく。この時点で「奥さんが妊娠して入院したから浮気をする」と完全に同じである。

それだけではない。更に面白いのは、マダラヒタキのオスは**巣穴から200〜300メートルくらい離れたところで浮気をする**のだ。これはマダラヒタキにとっては結構な距離だ。他の巣穴をいくつもスルーすることになる。つまり彼らは、わざわざ遠くに移動して浮気をする。

なぜなら、**バレたくないから**である。自分の巣穴から離れたところでなら誤魔化せる、ということだろう。

これも人間とギョッとするほど似ている。おそらく、**マイホームの近くで浮気する男性はほとんどいない**。最寄り駅付近のラブホテルに入るのはあまりにもリスクが高いと思うはずだ。

だから彼らは、浮気をするなら少なくとも数駅は離れたところでするだろうし、この心理はマダラヒタキのオスとまったく同じである。

ところで、浮気相手のメスの視点に立ってみよう。

マダラヒタキのメスは、（多くの人間の女性と同じく）愛人であるよりは正妻でありたいと思っている。

なぜなら、愛人と正妻では待遇に大きな差があるからだ。

オスは、正妻の子どものために一生懸命エサを運んでくるが、愛人の子どものためにはあまり運んでこない。そのため、生存する子どもの数には如実に差が出る。正妻の子どもは平均して5・4羽生存するが、愛人の子どもは3・4羽しか生存しない。

したがって、マダラヒタキのメスも（たいていの人間の女性と同じく）、なるべく既婚者オスと交尾はしたくないのだが、前述の**最寄り駅から離れたところで浮気をする工作**のせいで、気づかずに交尾してしまう。

このあたりの悲喜こもごもも、人間とまったく同じで実に味わい深い。「**2年付き合ってた彼氏が既婚者だったんだけど!! 完全に騙されてた! 信じられない!!**」みたいなのも、Twitter でよく見る不幸ツイートだ。

2年間も騙し通せるということは、その男性のカモフラージュはさぞ上手だったのだろう。家から離れた場所で浮気をするのはもちろん、適切なタイミングで指輪を外し、適切にLINEを運用し、適切にクリスマスに会えない言い訳をこしらえる。

こういったカモフラージュも、マダラヒタキにそっくりだ。我々人間は他の生物よりもずいぶん賢くなった気でいるけれど、案外、鳥類と大差ないのかもしれない。

……ということで、浮気をする男性をバカにしたくなった時や、ありふれた不幸ツイートに対して気の利いたコメントをしたくなった時は、「マダラヒタキのオスじゃん」を使ってほしい。人間そっくりの行動をするマダラヒタキに思いを馳せながら、生物の業《ごう》の深さについて考える良い機会になるだろう。

特にハマるのは、「奥さんが妊娠している間に浮気をする男性」「既婚者であることを上手に隠して浮気をする男性」「マイホームから適切な距離で浮気をする男性」などである。

また、自分が被害者になったなどの理由で、もっと思いっきりバカにしたい時は「本能に抗ってくれよ。鳥じゃなくてホモ・サピエンスなんだから」と付け加えるといいと思う。適宜トッピングをしながら使ってもらえると幸いだ。

＼使用例／

「私が妊娠して入院してる間に、旦那が浮気してた……」

「やば。マダラヒタキのオスじゃん」

参考文献／ジャレド・ダイアモンド『人間の性はなぜ奇妙に進化したのか』（長谷川寿一訳・草思社）

ナポレオンっぽいね〜

【対象】

「あの人は運命の人だ！」とすぐ言い出しちゃう恋愛慣れしてないオタク

ベートーヴェンの交響曲第3番「英雄」は、ナポレオンを題材にして作曲された。この事実はあまりにも有名である。

世界史に燦然《さんぜん》と輝くその名前はあまりにも重く、まさに人類を代表する英雄と言えるだろう。世界中の人に「英雄と言えば？」というアンケートを取ったら、多分ナポレオンが1位になる。

そんな英雄ナポレオンだが、**女性関係**を探ると結構面白い。

ナポレオンはもともと、**根暗な文学青年**だった。若い頃から文章を書くのが好きで、大量の手記を書き残しているし、小説も書いている。現代風に言うなら、**クラスの目立たないオタク**である。

彼が17歳の頃に書いた手記には「**皆の中にいても僕は常に孤独だ**。毎日、部屋に帰っては憂鬱を抱えるだけの生活だ」みたいな文章がある。典型的な暗い17歳だ。**他人事とは思えない**。

根暗なナポレオンが恋をするとどうなったか。**相手の女性に夢中になりすぎてしまい、大変なことになった**。

根暗な文学青年というのはそういう生き物である。**「文学青年」と書いて「童貞をこじらせている」と読む**のだ。今も昔も変わらない。

ナポレオンにとっての女性といえば、なんといっても「ジョゼフィーヌ」である。彼の最初の妻だ。

ナポレオンはあっという間にジョゼフィーヌに夢中になり、**めちゃくちゃ気持ち悪い手紙をいっぱい出して**いる。「君への想いが強すぎて、生活の中で一瞬たりとも休息はなく、心が苦しみに引き裂かれている。**どうか僕の1000回のキスを受け取ってほしい**」みたいな手紙である。怖い。

童貞をこじらせている人が大体そうであるように、ナポレオンも「この人は理想の女性だ！　僕の人生の全てだ！」と相手を偶像化してしまう傾向がある。豪傑のイメージと全然違っていて面白いところだ。彼はジョゼフィーヌに「**君は僕の魂だ**」「**君から離れていると、僕の人生は砂漠だ**」などと「僕の存在意義はあなただ」的な手紙を大量に送っている。

これらの手紙は、口先だけの愛の言葉ではなく、本心を書き連ねていたようだ。なにしろ、ナポレオンはジョゼフィーヌに会えないのが嫌すぎて**職務を放棄しようとした**こともあるのだから。

イタリアの戦線で指揮を執っていたナポレオンは、持ち前の天才的な手腕を発揮して、連戦連勝を重ねていた。

快進撃を続けているならばよほど仕事に夢中なのだろうと思いきや、全然そんなことはなく、毎日毎日ジョゼフィーヌに「君に会いたい。君のことしか考えていない。会いに来てくれ」と手紙を送っていた。**戦争に集中しろや。**

一方ジョゼフィーヌは、「あの根暗旦那は相変わらず私に夢中でウケるなぁ」と思いつつ、**フランスで浮気をするのに夢中**だった。こじらせ童貞の思いはなかなか伝わらないものである。世の中は難しい。

ナポレオンがどんなに手紙を送ってもジョゼフィーヌは来てくれず、彼はとうとう痺れを切らした。「ちょっとオレは戦線離脱してパリに戻るわ！」みたいな雰囲気を出し始めたのである。

部下は大いに慌てた。今勝利を重ねているのは間違いなくナポレオンという天才指揮官のお陰であり、彼が戦線離脱したら大変なことになってしまうからだ。ナポレオンは**女性に夢中で戦争に全然集中してなくても圧倒的な指揮能力**だったようだ。天才は恐ろしい。

ナポレオンに絶対に抜けられたくない部下は、しかたなくジョゼフィーヌの説得に走った。「ナポレオンさんが抜けたら戦線がマジで終わるんで！　今すぐ来てください！おなしゃす！」とジョゼフィーヌに懇願したのだ。**ただの女性問題が国家の一大事に変わった**。

結局、ジョゼフィーヌはしかたなくナポレオンのいる戦線に来た。それでナポレオンの寂しさは完全に解消されたかというとそうでもなく、**デートの予定をジョゼフィーヌにすっぽかされたり**していた。そして「それでも僕は君を狂おしいほど愛しているよ……！　ああジョゼフィーヌ……！」などと甲斐甲斐しい手紙を書いたりしていた。かわいいやらかわいそうやらで複雑な気持ちになる。戦に異常に強い英雄ナポレオンも、女性には割と弱いのだ。

以上、ナポレオンはかなり「童貞こじらせてる」感がある。好きになった人に対してドップリ夢中になり、「君こそが僕の全てだ！」みたいになる。そして、職務を放棄しそうになる。

こういう人、現代でもよく見かける。「ナポレオンっぽい」と言ってあげよう。

＼使用例／

「あ、僕もう帰らないと！　ミサキちゃんが呼んでるから」

「え？　飯食っていこうぜって約束してたじゃん。店も予約取っちゃったよ」

「いや！　もう彼女が何より優先だから行くわ。あの子は僕の人生に現れた女神だから」

「……ナポレオンっぽいね～」


参考文献／安達正勝『ナポレオンを創った女たち』（集英社新書）

第6章

ネット編

【対象】

◇ SNSがやたらキラキラしてる人

◇ 迷惑系YouTuberなど、有名になろうとして無茶をする人

◇ 個人情報をやたら気にする人

◇ 流行りのインフルエンサーの主張にすぐ飛びつく人

◇ 両親の制止を振り切って大学やめてインフルエンサーを目指す人

◇ クソリプをする人

世界で一番大きな花だね！

【対象】

SNSがやたらキラキラしてる人

世界一大きい花といえば、「ラフレシア」である。東南アジアに分布する植物だ。花の直径は90センチに達する個体もあるという。

なぜこれほど大きな花を咲かせられるのだろうか？

その答えは「**寄生植物だから**」である。ラフレシアは他の植物に寄生し、栄養を吸い取って生きているのだ。だから異常に巨大な花を咲かせることができる。

もう少し詳しく説明しよう。

普通の植物は、**光合成**をしている。そのため、葉や茎といったパーツが必要になる。光合成をするためには葉をいっぱい出す必要があるし、十分に光を浴びるためには高く伸びた茎が必要だ。だから植物は一生懸命エネルギーを使って葉だの茎だのを成長させる。そして残ったエネルギーで花を咲かせるのだ。

一方、ラフレシアは光合成をしていない。だから**葉も茎もいらない**。最初から全てのエネルギーを花を咲かせることだけに使える。ゲームのパラメータ割り振りみたいなものだ。ゲームで攻撃力だけを上げていくことを「攻撃極振り」と言ったりするが、ラフレシアは「花極振り」なのである。

しかも、割り振っているエネルギーも他人のエネルギーを奪ったものである。世界一巨大な花がこんなに邪悪な戦略に支えられているのだと考えると、皮肉なものだなぁと思うばかりだ。

さて、ラフレシアによく似ているのが「SNSでやたらキラキラしている人たち」である。「タワマンでパーティしてます〜！」みたいな写真を上げまくっている人、あなたも一度は見たことがあるだろう。

たとえば、**港区女子**とか**マルチ商法やってる人**とか**詐欺師まがいのIT起業家**とかはめちゃくちゃキラキラしている印象がある。

そして、言うまでもなく、港区女子にせよマルチ商法プレイヤーにせよ、**他者のお金に寄生**している。彼らのSNSがキラキラしているのはラフレシアと同じ理論なのだ。

だってそうだろう。仮に本当に仕事が順調でタワマンに住んでいるのであれば、仕事でそれなりに忙しいはずであり、**SNSをキラキラさせ続けている場合ではない**。光合成をしているのであれば、茎や葉を伸ばしているはずなのだ。

エネルギーを花に極振りしているラフレシア起業家は、たいてい詐欺師である。僕はそういう人を見る度に「ラフレシアだ。他者のお金に寄生していそうだなぁ」と思っている。

＼使用例／

「(SNSで)昨日はリムジンパーティをしました!! 今日はタワマンの最上階で遊んでまーす! 明日はフェリーに乗るよ!」

「すごい豪華な暮らし! 世界で一番大きな花だね!」

参考文献／稲垣栄洋『たたかう植物』(ちくま新書)

世界で一番大きな花だね！

memo

この「世界で一番大きな花だね！」は「他者に寄生している」という意味以上に、色々な意味を込めて使える。**多機能悪口**なのである。

まず第一に、**ラフレシアの花は悪臭を放つ。**つまり、「**お前の行動臭いぞ**」という意味も込められるのである。タワマンの最上階でイキっている写真をＳＮＳに上げる行動は臭い。**ダブルミーニング**だ。

第二に、**ラフレシアの花に寄ってくるのはハエ**である。つまり、「お前のキラキラ投稿に惹かれてくるのはハエだけだぞ」という意味を込められる。実際、キラキラアピールに憧れて寄ってくる人は**ちょっと頭の弱い人**だけなので、このたとえも適切だと思う。これで**トリプルミーニング**になった。

第三に、**ラフレシアの花はすぐ枯れる。**なんと、**花が咲くまでに２年かかるのに、咲いたら３日で枯れる。**セミみたいな生態の花だ。

したがって、「お前がキラキラしているのは一瞬で、そのキラキラはすぐ枯れるぞ」というメッセージも込められる。とうとう**カルテットミーニング**である。

古くから掛詞《かけことば》の文化がある我が国でも、カルテットミーニングの悪口というのはまずお目にかかれないと思う。あなたもぜひ明日からこの**掛詞の極み的インテリ悪口**を使いこなして、周囲との圧倒的な差を見せつけてほしい。

ヘロストラトスの名声じゃん

【対象】

迷惑系 YouTuber など、有名になろうとして無茶をする人

「迷惑系 YouTuber」という言葉が定着して久しい。

スーパーで会計前の刺身を食べて窃盗で捕まったり、人の家に突撃して住居侵入で捕まったり、YouTube には**勢いのあるアホ**が出現しては消滅を繰り返している。**バカの生々流転**である。鴨長明も書いているように、「迷惑系 YouTuber の流れは絶えずして、しかも、もとの YouTuber にあらず」だ。

この手のニュースが流れると、「インターネットのせいで承認欲求が高まって……」と、**インターネットのせいにする人**がたくさんいる。

インターネット生まれインターネット育ちの僕としては、親がいわれのない非難をさ

れているような気持ちになるので、説明させてほしい。**インターネット登場前から迷惑系YouTuberみたいな人はいたぞ、**ということを。

迷惑系YouTuberの登場は、決して最近の話ではないのだ。

ではいつだろうか？　50年前？　100年前？　いや、**2400年前**だ。本項で扱うのは、**紀元前356年**の事件である。言うまでもないが、インターネットはまだ発明されていない。**っていうか、「紙」すらも発明されていない。**中国で紙が発明されたのは紀元前2世紀とされている。

YouTubeはおろか、「紙」すらもなかった時代に、元祖迷惑系YouTuberみたいなヤツが出現したのだ。それが、**ヘロストラトス**というギリシア人である。

社会的地位が低かった彼は、**「何をやってもいいからとにかく有名になりたい」**と考えた。完全に迷惑系YouTuberと同じ発想だ。

そこで彼が取った行動が、**アルテミス神殿への放火**である。

アルテミス神殿といえば世界の七不思議にも数えられる最高に美しい神殿だった。エフェソス（現在のトルコ）が世界に誇れた自慢の建造物である。ムリヤリ日本にたとえると**「金閣寺」**とかかもしれない。そういえば金閣寺も放火されてたし。**壮麗な建築物は放火されがち。**

捕まったヘロストラトスは、堂々と「最も美しい神殿を燃やしたら歴史に名を残せると思いました！」と言い放ったそうだ。時代とは無関係に、目立ちたがり屋は存在するのである。

しかしこうなってくると、困るのは**処理方針**だ。

普通に犯罪記録をつけてしまうと、ヘロストラトスの狙った通りに「歴史に名が残る」ことになってしまう。それは絶対によくない。彼への処罰にならないし、何よりも**彼の後に続く人間が出てしまう**かもしれない。「**ああやれば名前を残せるんだな**」と思って、また別のヤツが別の建物に放火する……なんてことになったら地獄だ。

そういうことで、エフェソス市民は悩んだ末、「記録抹殺刑（ダムナティオ・メモリアエ）」に処することにした。

つまり、「ヘロストラトスの記録を抹消して、歴史に名が残らないようにする」という措置だ。正しい判断だと思う。ヘロストラトスの野望を阻止しつつ、後に続く人間が出ないようにするための方策である。

しかしまあ、人の口に戸は立てられないとはよく言ったものだ。結局、歴史家が記録してしまった。だからヘロストラトスの名前は現代まで残っている。彼の野望を阻止できなかったエフェソス人は草葉の陰でさぞ悔しがっていることだろう。

ヘロストラトスの名前は後世に残ったし、何なら「ヘロストラトスの名声（Herostratic fame)」という英語の慣用句にもなった。「犯罪行為で有名になろうとする」みたいな意味だ。

これはまさに現代における迷惑系YouTuberである。2400年前から人間は何も変わっていない。承認欲求で迷惑なことをやっちゃうのは、テクノロジーのせいではないのである。**インターネットどころか紙すらない時代から、迷惑系YouTuberは存在していた。**

ということで、迷惑系YouTuberや、それに準ずる存在を見た時には、「ヘロストラトスの名声だ!!」と言っていくといいだろう。最近の若者のバカさやテクノロジーの発展を嘆くのではなく、何千年もずっと変わらない人類の悠久の歴史を楽しもう。

あと、昨今はYouTubeの規約がかなり厳しくなり、「無茶やってるヤツはすぐアカウント停止して、動画を消すぞ」的な方針で運用されているが、アレはまさに記録抹殺刑（ダムナティオ・メモリアエ）である。

迷惑系YouTuberのチャンネルが消えていることに気づいたら、「**おっ、ダムナティオ・メモリアエだね**」と言ってみるとインテリっぽくてすごく良い。合わせて憶えておきたいフレーズだ。

＼使用例／

「このYouTuberすごい。全裸で町をうろついて捕まらないか実況してる」

「ヘロストラトスの名声じゃん」

「あ、でもすぐ削除されたらしい」

「ダムナティオ・メモリアエじゃん」

参考文献／Albert Borowitz『Terrorism for Self-Glorification: The Herostratos Syndrome』(Kent State University Press)

ルンペルシュティルツヒェンじゃないんだから

【対象】

個人情報をやたら気にする人

「個人情報」への意識が変わって久しい。

1992年生まれの僕は、「インターネットは危ない」と中学校で叩き込まれた世代である。**デジタルネイティブになれなかった最後の世代**、と言い換えてもいいかもしれない。

地方の公立校だったので、教師もとにかく保守的でテクノロジー受容レベルが低く、

「インターネットに顔写真を一度上げたらこの世の終わり」みたいなことを言っていた。今となってはお笑い草である。当時は「出会い系サイトを利用した中学生が殺された」みたいな事件もあったから、ある程度の過剰反応は避けがたかったのかもしれないけれど。

ともかく僕はそういう過渡期に思春期を過ごし、「インターネットに自分を出すな」と言われ続けてきた。現在、僕が**インターネットに自分の恥部を垂れ流して生活しているのも**、その反動なのかもしれない。

子どもに制約を課すと反作用がすごいので、のびのび育てた方が良さそうだ。あなたもお子さんにはインターネットを自由に使わせてあげてほしい。自分の子どもを**インターネットに恥部を垂れ流して生活する大人**にさせないために。

さて、時代は変わった。今では「インターネットに顔を出したら終わる」などと考えている中学生はまずいないだろう。誰でも当たり前にInstagramをやり、TikTokをやり、自分の顔や名前をそこら中に出している。**自分の写真が1枚もインターネットにない人は**、もはや見つけるのが困難なはずだ。

ちなみに僕は5年くらい前に、「個人情報の保護なんて時代遅れすぎん？」と豪語して**電話番号から住所からあらゆる個人情報を公開していた時期**がある。

その名残りで、未だに**よく分からない中学生からイタズラ電話がかかってくる。**一度公開すると消えないのだ。デジタルタトゥーとはよく言ったものである。「堀元見　電話番号」とググると多分今でも番号が出てくると思うが、くれぐれも電話をかけようとしないでほしい。**普通に今でも使ってる番号だから。**

電話番号や住所をネットに撒き散らせとは言わないが、かといって過度に個人情報の流出を恐れるべきでもないと思う。「顔写真」のレベルまで避けようとすると、生きるのが大変になる。

特に、20人ぐらい写っている集合写真の中の1人が、「ネットに上げるなら私の顔はボカしてください！」と注文をつけてくる時などは、正直「**お前気にしすぎちゃうか**」と思う。20人のうちの1人、ほとんど注目もされないような形で写っている写真が、どんな不利益になるのだろうか。

もちろん、「会社をサボって遊んでいるのがバレるとヤバいから」とかの理由があるならよく分かるけれど、どうも彼らはそういう事情もなく強迫的に「とにかくインターネットに顔は絶対出さない！」と必死になっているようなのだ。**世界はあなたに興味ないですよ。あなたの写真が1枚上がったところで、誰も見てませんよ**と諭したくなるのは、インターネット芸人のサガだろうか。

そんなワケで、強迫的に個人情報を保護しようとしている人を見ると「もう少し気楽に人生を楽しんだらいいのに」と思う。

しかしまあ、そういう人の価値観を頭ごなしに否定するのもよろしくない。だから、僕はいつも「**ルンペルシュティルツヒェンじゃないんだから**」と思うことにしている。

『ルンペルシュティルツヒェン』は、グリム童話の作品の1つだ。

あらすじをざっくり説明すると、

- ヒロインが小人に赤ちゃんを奪われそうになる。
- ヒロインは一生懸命「やめて！」とお願いする。
- 小人は「オイラの名前を3日後までに当てられたらやめてあげよう」と言う。
- ヒロインはあらゆる名前を小人に言いまくるが、どれも「違うよ」と言われてしまう。
- 3日目になって、ヒロインの部下が山奥を歩いている時に、小人が〝オイラの名前はルンペルシュティルツヒェン〟と独り言を言っていたのを聞いた。
- だから、ヒロインは「あんたの名前はルンペルシュティルツヒェン」と言い当てることができた。

●小人は当てられたショックで**自分の身体を引き裂いた。**

というものだ。**小人の精神状態がイマイチよく分からない**話である。

小人の精神状態だけでなく、物語のメッセージ性もイマイチ分からないのだけれど、どうもこの話は「**名前の神秘性**」を表しているらしい。

この物語には、「誰かの名前を知ることで、その人を操ることができる」という隠喩がある。

現代日本人の我々にはピンとこないが、古今東西、あちこちで「本名はなるべく隠す・使わない」みたいな風習があるのは、まさにそういうことなのだと思う。たとえば古代中国にも「諱《いみな》」とか「字《あざな》」とかいう概念があった。人の本名は諱（いみな＝忌み名）であり、やたらと使うべきものではなかったのだ。普通に名乗る時は通り名である「字《あざな》」を名乗っていた。

このように、世界中でなんとなく信じられていた「名前を知られるとヤバい」という感覚を具現化したのが、ルンペルシュティルツヒェンという小人の童話なのである。

ということで、極端に個人情報の漏洩を恐れる人は、ルンペルシュティルツヒェンにたとえてあげたいところだ。

自分の名前が漏れただけでショックで身体を真っ二つに引き裂く様子は、まさに強迫的な個人情報保護を求める人にふさわしい。ぜひご活用いただきたい。

使用例

「今撮った集合写真ってどこかにアップする？」

「え、まあ、インスタには上げようかな。鍵垢だけど」

「私の顔は出ないようにして！　スタンプで隠してね！　絶対ね！」

「……ルンペルシュティルツヒェンじゃないんだから」


参考文献／グリム兄弟『ルンペルシュチルツヒェン』（楠山正雄訳・青空文庫）／Andrew Colman『A Dictionary of Psychology』（Oxford University Press, 2009） memo

この、「名前の神秘性」を敷衍して、心理学の世界では「ルンペルシュティルツヒェン現象（Rumpelstiltskin phenomenon）」という言葉が生まれた。

「名前をつければ分かった気になって安心できる」みたいな現象らしい。最近だと「繊細さん」とかがそれに相当するような気がする。

「繊細さん」についての本がベストセラーになって以来、なんとなく生きるのが大変だと思っていた人たちが猫も杓子も一斉に「繊細さん」を自称し始めた。

中にはとても繊細であるとは思えず、むしろ「鈍感さん」と表現すべき人たちでさえも「繊細さん」を自称しており、**「私って繊細だから、私がどんなミスをしても絶対に怒らないでほしい！」**とかなんとか言い出している。**そんな厚顔無恥な振る舞いができる時点で繊細からほど遠い**んだけど、とにかくそういう肩書きを自称している。

こういう人たちを見ると、「ああ、自分に何か名前をつけて安心したい（あわよくば得したい）んだな」と思う。

だから、こういう人には「ルンペルシュティルツヒェン現象だね」と言ってあげるといい。合わせて憶えておきたい補足インテリ悪口である。

カツレツみたいに頬ひげを生やしている

【対象】

流行りのインフルエンサーの主張にすぐ飛びつく人

ロシア文学は、「一度読もうと思ったけど登場人物の名前が憶えられなくて挫折した」という人が非常に多い。

かくいう僕も、挫折した作品は数多ある。『アンナ・カレーニナ』（光文社古典新訳文庫で全4巻）も『カラマーゾフの兄弟』（光文社古典新訳文庫で全5巻）も、**全巻買ったのに1巻すら読み終わっていない**。長すぎるし登場人物が多すぎるし、最初の方で面倒になってしまう。

『アンナ・カレーニナ』の1ページ目から「**ステパン・アルカージエヴィチ・オブロンスキー公爵（愛称はスティーヴァ）**」という人名が出てくるが、読者への嫌がらせとしか思えない。憶えられるワケがない。名前さえ憶えられないのに、愛称まで憶えさせようとするな。

そういうことで、僕が読破した長編ロシア文学はとても少ないのだけれど、ドストエフスキー『罪と罰』はちゃんと最後まで読んだ。割と面白かったし、物書きとしての仕事にも活きている。やはり不朽の名作はちゃんと読んだ方がいいな、と思っている。**だったら『アンナ・カレーニナ』を放り出すな**という話なのだけれど。

さて、『罪と罰』はあらすじがあまりにも有名なので、読んでなくてもあらすじを知っている人が多いだろう。**あらすじを知っているから読んだことにしようというスタンスの人**も多いと思う。かくいう僕も、大体のロシア文学に対してそのスタンスを取っている。

したがって、逆説的だが、「あらすじを言う」はもはや「読んだこととの証明」になってないのだ。あらすじを説明したところで、「お前も**あらすじを知ってるから読んだことにしてるタイプ**なんだね」と思われるだけだ。

だから、ロシア文学について口にする際には、**枝葉末節について語る**のが正しい。あらすじではなく、**よく分からんキャラについてのよく分からんおもしろ描写**とかを取り上げて喋ろう。そうすると「おっ、こいつホントに読んでる！」という空気になるはずだ。

『罪と罰』についても同様だ。「独自の世界観を持った青年ラスコーリニコフが、自分のやることは正義だと信じて、強欲な金貸しの老婆を殺す話」というあらすじは有名なので、これについて語ってはいけない。

マイナーなキャラクターの、どうでもいいシーンについて語ろう。そう、我々は**レベジャートニコフ**について語るべきなのだ。

レベジャートニコフは、完全無欠の脇役である。一応「ヒロインの冤罪《えんざい》を晴らしてくれる」という見せ場はあるのだが、特にストーリーの本筋に関わってはこないので、読んだ人も忘れがちなキャラだ。

しかしこのレベジャートニコフ、描写が独特で面白い。初めてガッツリ登場する時の描写がこれ。


このレベジャートニコフという男はやせこけた、小さな、腺病質な男で、どこかに勤めており、髪は気味わるいほど白っぽく、カツレツみたいに頬ひげを生やして、それをひどく自慢にしていた。

(『罪と罰(下)』Kindle 位置 No.2171–2173)

「カツレツみたいに頬ひげを生やして」と言われても、比喩が独特であんまり映像が浮かばない。無理して想像するとどうしても**顔にカツレツが貼り付いた人**を思い浮かべてしまう。

そして、「それをひどく自慢に」する意味もよく分からない。「オレのひげ、**カツレツみたいで立派だろ?**」ってこと? 謎は深まるばかりである。

で、その後の描写がめちゃくちゃバカにされていてすごい。

要するに彼は、最新流行の思想というときまっていきなりとびつき、すぐにそれを俗悪なものにしてしまい、ときには大まじめで奉仕しているすべてをたちまち滑稽なものにしてしまうような、数も無数ならば毛色も雑多な、俗物やへなへなの薄のろや何をやらせても中途はんぱな石頭どもの群れの一人だった。

(同前 Kindle 位置 No.2180–2182)

ボロクソである。**ロシア文豪の筆が躍っている悪口**だ。さすがドストエフスキー、僕などは足元にも及ばないようなボロクソのフレーズを思いつくものだ。

さて、『罪と罰』が書かれたのは1866年で、もう150年以上前だけれど、ここで描写されているレベジャートニコフのような人は現代にもたくさんいる。というか、**現代になって更に増えたん**じゃないだろうか。

たとえば、**キングコング西野亮廣《あきひろ》さんのオンラインサロンとか**を見渡せば、こういう人は**6000人くらい**いると思う。

彼らは「**最新流行の思想というときまっていきなりとびつ**」いている。僕は彼らの「飛びつきっぷり」に、いつも笑ってしまう。

数年前に、キングコング西野さんが「僕が思うクラウドファンディングの本質は、**共犯者作りです**」と主張し始めた直後、6000人くらいが一斉に「**共犯者を作っていくマーケティングをやります！　オレが元々やりたかったことです！**」と言い始めた。

恥ずかしながら、僕の友人にもそういうヤツがいた。彼はキングコング西野さんのサロンに入っていて、「**色々考えてみたんだけど、**やっぱクラウドファンディングって共犯者作りだと思うんだよね」と言っていた。**お前は考えたのではなく飛びついただけだ、**と思った。

彼はその後、「**47都道府県の魅力を伝えながら日本一周したい！**」みたいな**めちゃくちゃしょうもないクラウドファンディング**を始めて、**2万3000円くらい集めてすぐ**

頓挫《とんざ》していた。

僕はそれを見て、「うわぁ、**こいつ頭悪いなぁ……**」と思ったものだが、今思えばこれは安直な悪口でよくない。

彼をバカにする正解の悪口は、「**最新流行の思想というときまっていきなりとびつき、（中略）、数も無数ならば毛色も雑多な、俗物やへなへなの薄のろや何をやらせても中途はんぱな石頭どもの群れの一人**」である。ドストエフスキーの筆力を拝借してバカにするのが正解だった。

しかし問題が１つある。**長すぎて憶えられない**のだ。残念だ。ロシア文学は人名も悪口も長くて憶えられない。

しかたないから妥協して、レベジャートニコフの別の描写である「カツレツみたいに頬ひげを生やしている」を採用しよう。婉曲《えんきょく》表現にもなるし。

ちなみに、レベジャートニコフの他の描写として「家賃はきちんと払っている」とか「酒は酔うほど飲まない」とかいうのもある。

インテリ悪口でバカにして「どういう意味？」と聞かれた時、「ああ、家賃をきちんと払ってそうって意味ですよ」などとテキトウに褒めておけばサイレント悪口になる。

適宜ご活用いただきたい。

＼使用例／

「やっぱりさ、ＡＩに仕事を取られていく中で、残るのは人間の〝信用〟だと思うんだよね。だからオレは３つのオンラインサロンに入っていて……」

「へえ～、**カツレツみたいに頰ひげを生やしているんだね**」

参考文献／ドストエフスキー『罪と罰（上・下）』（工藤精一郎訳・新潮文庫）

オイフォーリオンが飛んだ！

【対象】

両親の制止を振り切って大学やめてインフルエンサーを目指す人

プロフェッショナルは、自分の業界の情報収集に余念がない。大量の情報をかき集めて、いつも最新動向を追っている。

僕は**インターネットにいるしょうもない人について書いて生活するプロ**なので、**インターネットにいるしょうもない人情報**を常に集めている。

最近は Twitter のメッセージボックスがそんな情報でパンパンだ。「この旅人が書いてるブログの内容、サガミオリジナルのコンドームぐらい薄くて面白いです」とか「**自称年商2億の情報商材屋に1万円の外注費を踏み倒されました**」とか、そんなタレコミが大量にやってくる。今日も明日もインターネットは地獄だし、僕はそんなインターネットが好きだ。

さて、無間《むげん》地獄とも言えるインターネットで定期的に話題になるのが、「**インフルエンサーになろうとして大学をやめちゃう人**」である。

正直、こういう人はあまりにも多すぎて食傷気味である。誇張でなく200人ぐらい見てきた。

彼らの黄金パターンはこんな感じ。

1. 3つくらいのオンラインサロンを掛け持ちしていて、極論を言うインフルエンサー（イケダハヤトさんとか）に憧れている。
2. 憧れのインフルエンサーが言う「大学って無意味だよね」に感化されて「大学なんか意味ない！　やめる！」と言い始める。
3. 「両親の反対を押し切って、大学をやめることにしました！　レールに乗った平凡な人生はまっぴらだ！」と、うっす～いブログを書く。
4. 「バカだなぁ」と皆から言われ、インターネットのおもちゃになる。
5. 「アンチは無視！　炎上するのは主役の証拠！」とかなんとか言う。（炎上してい

るのではなく、おもちゃが降ってきたから皆遊んでいるだけなのだが、彼らはあまりその区別ができない）

6. 「大学をやめた僕は、まったく新しい出版社を作ります！」みたいな大言壮語のビジネスプランを広げるが、鳴かず飛ばずで終わる。

7. インターネットから消滅する。（たいていフリーターになる）

という感じである。

僕の肌感覚としては、「大学やめました！」と言ってから3ヶ月くらいで消滅することが多い気がする。ほとんど**カブトムシと一緒**だ。カブトムシは成虫になってから3ヶ月くらいで死んでしまう。ひと夏だけ堂々とした姿を見せつけた後、すぐにいなくなってしまうのだ。

僕は「インフルエンサーに憧れて大学やめちゃった人」を見つける度に、少し切ない気持ちで観察している。小学生の頃にカブトムシを飼って、夢中で観察したのと同じだ。ひと夏でお別れだと知っているけれど、儚《はかな》くも健気に生きる姿を応援してしまう。

ということで、大学やめちゃった人を小バカにする際は「カブトムシ」とか「**苦しうれし胸の痛み　生涯忘れることはないでしょう**」とかを使ってもいいのだけれど、もうちょっとインテリっぽいフレーズを工夫することにしよう。

それが、「**オイフォーリオンが飛んだ！**」である。

オイフォーリオンとは誰か。ゲーテの代表作『ファウスト』の登場人物だ。（※ギリシア神話にも出てくるけど、ギリシア神話においてはチョイ役すぎて印象はほぼない）

『ファウスト』のあらすじを超いい加減に説明すると、**人生を学問にのみ捧げたのに結局何も分からなくて絶望した老学者ファウストが「もっと遊んでおけばよかった～～!!」ってなり、悪魔と契約して若返ってから美少女とセックスして孕《はら》ませた挙げ句逃げるなどのやりたい放題をやる**、みたいな話だ。名作文学は要約すると下世話になりがち。

そんなワケで、『ファウスト』は結構ロクでもないシーンが多いのだけれど、オイフォーリオンが出てくるのは貴重な「最高に幸せ！」みたいなシーンである。

主人公ファウストは絶世の美女を伴侶として、1人の息子をもうける。これがオイフォーリオンだ。彼らは夫婦と1人息子で、最高に幸せな生活を送っていた。

しかし、この息子の無茶のせいで、幸福は砕け散ることになる。

なんと、オイフォーリオンは「**僕は崖から飛び降りて、空を飛ぶぞ！**」と言い出すのだ。突然のヤバい言動。

当然ながら両親は止める。「やめとけやめとけ！　死んじゃうよ！」と。当然である。しかし、オイフォーリオンは両親の助言を嫌がる。「**もう地面になんかいたくないんだ！　僕はもっと高みを目指す！**」みたいなことを言って反発する。

もうこれより長く地の上に　止まっていいたくはありません。
（『ファウスト』）

そして、結局、「さあ飛ぶぞ！」とかなんとか言いながら崖から飛び降りて落ちて、**死ぬ**。

子どもが死んじゃったせいで両親も一気に落ち込んで、不幸になってしまう……。とまあこんな感じで、**ワケ分かんないこと言い出した子どもがムチャクチャをやって大変なことになる**、というシーンがあり、その子どもこそがオイフォーリオンなのである。

僕は『ファウスト』のこのくだりを読む度に、「**インフルエンサーになりたくて大学やめる人っぽい**なぁ……」と思ってしまう。

オイフォーリオンが言っている「**もう地面になんかいたくないんだ！　僕はもっと高**

みを目指す！」はまさに「もう大学なんて行きたくない！　レールに乗った平凡な人生はまっぴら！」である。

当然、こういうことを言い出してしまう**インフルエンサー志望オイフォーリオン**は両親に止められる。「そんな夢みたいなこと言ってないで、大学は卒業しておきなさい」と。

ある程度マトモなオイフォーリオン予備軍は「それもそうだな」と両親の説得を聞くのだけれど、本物のオイフォーリオンはここで止まらず、大学をやめてしまう。そしてインターネットのおもちゃになり、たいていはひと夏で転落して死ぬ。

『ファウスト』は人類最高傑作との呼び声も高い戯曲だ。人の心を巧みに揺さぶるからこそ、それだけの高い評価を得ている。

そんな傑作の中で大きな転機となるシーンである「オイフォーリオンの死」に、僕たちは何百年も心を揺さぶられ続けてきた。

「インフルエンサーに憧れて大学やめちゃう人」はせいぜいここ10年くらいの文化だと思うのだけれど、その構造自体はオイフォーリオンのシーンと同じで、普遍的な悲劇である。だから僕たちはこれほど心を揺さぶられるし、極上の悲劇として夢中で観てしまう。

そうだ。大学をやめちゃった人を見た時、我々がするべきことは「バカだなぁ」とあざ笑うことではない。

何百年も人類の心を揺さぶり続けてきた悲劇の構造に思いを馳せながら、「**オイフォーリオンが飛んだ！**」と叫びながら、ゲーテの生み出した荘厳なシーンを味わい尽くすべきなのだ。

インターネットやＳＮＳはあまりにも深く、我々の生活に食い込んでしまった。きっと、明日も明後日も新しいオイフォーリオンが崖から飛び降り続けるだろう。

ぜひ皆さんもその度に、ゲーテが作り出した壮大な戯曲を思い出し、文学的な気分に浸るといいと思う。

＼使用例／

「大学でムダな時間を過ごしてるヤツに囲まれてるのはもう耐えられない！　大学をやめて、ブログで食っていきます!!」

「お、また新しい**オイフォーリオンが飛んだね!!**」

参考文献／ゲーテ『ファウスト』（森鷗外訳・青空文庫）／中野和朗『史上最高に面白いファウスト』（文藝春秋）

「かすれた文字モード」の実装が待たれますね

【対象】

クソリプをする人

「クソリプ」という言葉がずいぶん定着した。「クソなリプライ（返信）」の略だ。

僕はTwitterのフォロワーが1万8000人くらいなのだけど、このくらいの人数になってくると1日1回はクソリプが送られてくるようになる。

たとえば先日、こんなツイートをした。

オリンピックで3位の人に渡されるの「銅メダル」って、よく考えたらかわいそうすぎんか……？　金と銀は「アクセサリー」とかに使われるヤツなのに、銅は「電気配線」とかに使われるヤツだよ……？？？　差が大きすぎない……？？？　貴金属と卑金属だよ……？？？

超**どうでもいいツイート**である。これぞTwitterの正しい使い方という感じだ。最近のTwitterは何かに怒っている人ばかりになってしまったが、僕は古式ゆかしい使い方を続けたい。この日は確か「新型コロナウイルスが猛威を振るう中でオリンピックをやるなんて正気か⁉」と怒っている人をたくさん見かけたので、僕はオリンピックに関してめちゃくちゃどうでもいいことを言おうと思ったのだ。

しかし、このツイートに対して返ってきたのがこれ。

銅がないと成り立たない産業もあるよ？

だろうね！！！！！！！！！！

そりゃそうだろうね！　銅めちゃくちゃ使うもんね！　**電気配線とかに!!**

僕、元のツイートに書いたよね……？　「銅は電気配線とかに使われる金属」って書いたよね……？　なんで「**銅は必要ない論者**」だと思われたんだ……？

とまあこんな調子で、僕のTwitterライフはクソリプを受け取るのが日常茶飯事になっている。「運動をすると頭が冴えるから素晴らしい」とつぶやいたら「**それは個人の経験に過ぎないのでは？**」と言われるし、「金がなくても散歩して図書館に行けばゼロ円で幸せになれるよ」とつぶやくと「**そうじゃない人もいますけど？**」と言われる。クソリプの魔窟を歩くような毎日だ。

そんな魔窟SNSの中で、「はいはい、クソリプ来ちゃった」と言うのはあまりにも普通の反応すぎる。そもそも「クソリプ」という言葉は美しくないし知的じゃない。もっと上品で知的な悪口を探そう。

そこで提案したいのが、これだ。

「かすれた文字モード」の実装が待たれますね。

である。どういうことか説明しよう。

まず、この問題を見てもらいたい。可能なら答えを出してほしい。

問1　14892×25673

これを見て、パッと答えた人は多分いないだろう。普通の人間は5桁×5桁の掛け算をパッとやることはできない。

ちなみに、「コンピュータの父」であるジョン・フォン・ノイマンは**8桁×8桁の掛け算を暗算できたらしく、せっかく作ったコンピュータより速く暗算して周囲のスタッフをガッカリさせた**という伝説があるけれど、我々はノイマンではない。あなたも多分答えられなかったはずだ。

パッと答えるのは不可能だけど、ゆっくり筆算をすれば必ず正解にたどり着ける。だから、**この問題に対して誤答をする人は少ない**と言っていい（計算ミスはあるかもしれないけれど）。

では、誤答をする人が多い問題とはどういうものか？　こういうものだ。答えを考えてほしい。

問2　チョコとガムは合わせて110円だ。チョコはガムより100円高い。では、ガムはいくらだろう？

この問題は、直観的に即答できる気がする。あなたの頭にも答えが浮かんだのではないだろうか。

その答えは「10円」である。簡単に思える。

もちろん、実際にはそんなに簡単ではない。ガムが10円だとしたらチョコは110円となり、合計は120円になってしまう。設定に合わない。正解は「5円」だ。

どうだろう？　正しく答えられただろうか？　この本を読んでるあなたは物事を斜めに見るクセがついているので、引っかからなかったかもしれない。でも引っかかる人の気持ちも分かるだろう。

実際、ハーバード大学やマサチューセッツ工科大学といった有名大学の学生も、**50％以上はパッと即答して間違っている**のだ。直観で即答したい欲求は強いし、人はそれでしばしば誤答する。

さて、ここで見てきた現象は興味深いものだ。「問1」と「問2」を比べると、より難しいのは問1であるように思われる。筆算には時間がかかるし注意力も必要なので、

1分では解けない気がする。一方、問2は簡単だ。落ち着いて考えれば1分あれば必ず解ける。

つまり、**問1の方が難しいのに、誤答する人は問2の方が多い**のである。

この2つは何が違うのか、「パッと見てすぐ答えられるかどうか」が違う。

問1は取り組むのに苦戦するので安易に誤答しないけれど、問2は楽に答えが出せそうなので安易に誤答してしまう。皮肉なものだ。人間は簡単そうなものほど誤答する。

こんな人間の悲しい特性に打ち勝つ方法はないのだろうか？

実はある。問2のような問題の誤答を劇的に減らす方法があるのだ。それが、**読みにくい問題用紙を渡す**ことだ。

小さくてかすれた文字で印刷された問題用紙でこの問題を読まされると、「楽にパッと答えられる」という感覚がなくなるので、**ちゃんと考えるようになる。**

この実験は大いに示唆に富んでいる。これを応用すれば、クソリプを減らす機能が作れる。

それこそが、「**かすれた文字モード**」の実装である。

クソリプをしょっちゅうしている人は恐らく、脊髄反射でリプライをしていると思われる。「**こいつ銅に対して否定的だな。銅がないと成り立たない産業もあるぞ**」という風に。

ちょっと落ち着いて考えてもらえれば、「銅は電気配線に使われている」という僕のツイートの文言を見て「そんなことは言われなくても分かってるだろうな」と思うはずだし、「これはどうでもいい雑感ツイートであり、金属の価値を査定しているワケではない」ということに気づけるはずだ。

だから、こういう人に落ち着いてもらうために、ツイートをかすれた文字で読ませればいいのだ。そうすれば彼らはちゃんと考えるようになり、脊髄反射でクソリプを送ることがなくなる。

ということで、次にクソリプが来た時は「かすれた文字モードの実装が待たれますね」と言うことにしよう。人間の認知特性を確認する機会にもなって良い。

あと、Twitter社の皆様は、ぜひこの新機能の実装をご検討くださいませ。

＼使用例／

「この店のカレー、めっちゃ美味しい。食べたら幸せになれるよ」

「それは個人の経験に過ぎないのでは？」


「かすれた文字モードの実装が待たれますね」

参考文献／ダニエル・カーネマン『ファスト＆スロー（上・下）』（村井章子訳・ハヤカワ文庫ＮＦ）

あとがき

忌野清志郎の本に出てくる一節を、最近よく思い出す。

ユーモアが大切なんだ。ユーモアのわからない人間が戦争を始めるんだ

（『瀕死の双六問屋』p210）

本当にその通りだと思う。インターネットでは常に泥沼の戦争が行なわれていて、そこにユーモアの介在する余地はない。ヒマな人たちが強い言葉を使って、むき出しの憎しみで殴り合っている。

できれば一生、あの不毛な戦争には加わりたくないな、と思う。

だから、僕はユーモアを持ち続けたい。クソリプが来た時に「またバカが来ちゃったよ。Twitterやめろカス」と言い返すことはせず、「かすれた文字モードの実装が待たれますね！」（↓p234）と面白がろうと思う。

この本を手に取ってくれた知性とユーモアをお持ちの皆さんも、きっとそれができるだろう。不毛な戦争から距離を置いて、日々のイラつきを面白がってやり過ごすことができるだろう。この本がその一助となれば幸いだ。

ところで、この本を書き始めたのは、2021年の3月のことだった。あとがきを書いているのは10月だから、実に8ヶ月を要したことになる。この8ヶ月の間に、色々な変化が起こった。

具体的には、**行動経済学者ダン・アリエリーの研究データねつ造疑惑が持ち上がったりした**。本書でも参考文献にしている『予想どおりに不合理』の著者である。

行動経済学は結構「この実験、再現性が怪しいのでは……?」と言われる学問だ。ノーベル経済学賞を受賞したダニエル・カーネマン（こちらも著書を参考文献にしている）も、実験の再現性についてしばしば疑義を投げかけられている。

今回のデータねつ造騒動を受けて、「こいつらの言うこと、あんまりアテにならないな。真に受けないようにしよう。引用もなるべく避けよう」というムードが盛り上がっている。

一方、**困るのは僕**である。「行動経済学、そんなに再現性が怪しいんだな〜」と思って調べてみると、本書で扱った話もかなり怪しいらしい。特に、「レディ・マクベス効果」

（↓p81）などは全然再現できず、**ほぼウソで確定なのでは？**と言われていたようだ。勉強不足で知らなかった。申し訳ない。

しかし、この本の原稿はもう校閲に回っており、問題に気づいたところで、今さら大幅に書き換えるのは厳しい。しかたないのでそのまま活かすことにした。

人間の行動をマジメに論じた本ならともかく、「あくどいことをしてる人は手を洗いたくなってるかもね！　**そうやってバカにしようぜ！**」という本に問題が含まれていたとて、特に誰に迷惑をかけるワケでもないからだ。「問題があるなら書き直さなければならない」という発想は、論理療法で論駁された方がいい（↓p39）ものである。

だから、「お前は行動経済学の再現性危機さえも知らないのかよ」などとあげつらうのは勘弁してほしい。以上、アリストテレスの講義の冒頭ばり（↓p96）の予防線でした。

そういうワケで、この本はそこそこに妥協をしながら書き進めたので、リサーチが足りていない部分もある。「本当は一次情報である英語の論文を読むほうがいいんだけど、めんどくさいなぁ」とサボった場所も多い。

皆さんがもし何らかの専門家であるなら、本書を読んで「この記述はおかしい」と感じる瞬間があるかもしれない。

そんな時は、ぜひこの本の評価をSNSやAmazonレビューに投稿してほしい。「パリティビットが意味をなさない品質だ」（↓p49）でもいいし、「プロールの餌だ」（↓p146）でもいい。

あと、ケインズ研究者のポール・サミュエルソンは、ケインズの主著である『雇用、利子および貨幣の一般理論』を「できの悪い本」と呼んでいたらしい。これを応用して、**「ケインズの主著みたいな本だ」**と言ってもらえるといいかもしれない。あなたは悪口を使って溜飲を下げられるし、僕は自分の本が格調高くなった感じがするのでWin-Winである。ここに、インテリ悪口の本懐がある。

ぜひ明日、すぐにインテリ悪口を使ってみてほしい。この本のレビュー投稿でも、友だちとの雑談でも、独り言でも構わない。

嫌なことがあった時に、ユーモアで受け流す習慣を身につければ、きっと世界は少し素敵になるだろう。ユーモアが分かる人間は戦争を始めないのだから。

……などと、最後にキレイゴトを言い始めてしまった。道徳貯金が赤字になって人種差別を始める（↓p129）前に、筆を置くことにしよう。最後まで読んでくださって、ありがとうございました。

あとがき参考文献

■忌野清志郎『瀕死の双六問屋』（小学館文庫）
■東谷 暁『世界史を変えた詐欺師たち』（文春新書）
■Brian D.Earp［他］「Out, Damned Spot: Can the "Macbeth Effect" Be Replicated?」（「Taylor&Francis『Basic and Applied Social Psychology』Vol.36 2014）

堀元 見（ほりもと けん）

（たぶん）世界で唯一のインテリ悪口専業作家。慶應義塾大学卒業後、就職せず「インターネットでふざける」を職業にする。初年度の年収はマイナス70万円。2019年に開始した「インテリ悪口で人をバカにする有料マガジン」がウケてそれだけで生活できるようになったため、インテリ悪口作家を名乗り始めた。飲み会で職業を聞かれると「悪口を書いてます」と答えて相手を困惑させている。他の代表作に、YouTubeチャンネル「ゆる言語学ラジオ」などがある。

企画協力／安羅英

教養《インテリ》悪口《わるぐち》本《ぼん》
2021年12月30日　初版第1刷発行
2022年 2 月 5 日　　第4刷発行

著　者　堀元見《ほりもとけん》
発行者　田邉浩司
発行所　株式会社　光文社
〒112-8011　東京都文京区音羽1-16-6
電話　編集部 03-5395-8172
書籍販売部 03-5395-8116
業務部 03-5395-8125
メール　non@kobunsha.com
落丁本・乱丁本は業務部へご連絡くだされば、
お取り替えいたします。

組　版　萩原印刷
印刷所　萩原印刷
製本所　ナショナル製本

ISBN978-4-334-95282-2